# 名师之路，
# 路在何方

任勇 ——

著

图书在版编目（CIP）数据

名师之路，路在何方 / 任勇著. -- 武汉：长江文艺出版社，2025. 4. -- （大教育书系）. -- ISBN 978-7-5702-3950-4

Ⅰ. G635.12

中国国家版本馆 CIP 数据核字第 2025GE2546 号

名师之路，路在何方
MINGSHI ZHI LU, LU ZAI HEFANG

| 责任编辑：施柳柳　姜　晶 | 责任校对：程华清 |
| --- | --- |
| 封面设计：扁　舟 | 责任印制：邱　莉　韩　燕 |

出版：长江出版传媒　长江文艺出版社
地址：武汉市雄楚大街 268 号　　　邮编：430070
发行：长江文艺出版社
http://www.cjlap.com
印刷：湖北新华印务有限公司

开本：720 毫米×970 毫米　　1/16　　印张：16.5
版次：2025 年 4 月第 1 版　　2025 年 4 月第 1 次印刷
字数：240 千字

定价：48.00 元

版权所有，盗版必究（举报电话：027—87679308　87679310）
（图书出现印装问题，本社负责调换）

# 目 录

序言 做"名"副其实的名师 001

## 第一章 学

第一节 理念：名师应成为学习型教师 003

第二节 内容：学科深学，教育恒学，文化广学 015

第三节 方法：师学之道 028

第四节 样态：学习共同体的理想境界 043

第五节 案例："被逼"的阅读也精彩 047

## 第二章 思

第一节 理念：名师应是一名慧思者 055

第二节 要点：学而我思，学而善思，学而深思 062

第三节 重点：教学反思与教学改进 075

第四节 行动：为思维而教 083

第五节 案例："子亲游戏"畅想曲 090

## 第三章 研

第一节 理念：研究让教育更精彩 097

第二节 范围：学科之研，教学之研，教育之研 109

第三节 选题：策略、方法与经验 123

第四节　路径：以研究的力量推动教育发展　133
第五节　案例："研"途风光　148

## 第四章　行

第一节　理念：教师是教育理念的践行者　161
第二节　标志：名师是不能没有主张的　166
第三节　境界：愿天下教师皆有魅力　173
第四节　经验：在教育实践中积累智慧　181
第五节　案例：让学生灵性生长的两条路径　190

## 第五章　著

第一节　理念："教学"诚可贵，"写作"价亦高　203
第二节　著述：立一家之言　210
第三节　技巧：师者之"写"　226
第四节　追求：学做学者　233
第五节　案例：我的写作经历　241

主要参考文献　250

# 序　言

# 做"名"副其实的名师

名师离我们究竟有多远？

读完这本书，大家也许就会有自己的答案。

名师，就是知名度高的教师。他们往往工作出色、教育效果好，为同人所熟知、为学生所欢迎、为社会所认可，有相当的名气和威望。

名师是有层次的。一个"经师"是可以成为名师的，但我希望名师不仅是"经师"，更是"人师"，只有先成为"人师"，才有可能成长为"大师"。

名师是有境界的。拥有崇高师德是名师的基本条件，德能并重是稍高的要求；名师还应有教育智慧，进而走向师魂之境界。师德、师能、师智、师魂，乃名师成长的"四重境界"。

名师的成长关键在"自我"。认识自我、发现自我，是成为名师的基础和根本；完善自我、战胜自我，是成为名师的关键；实现自我、超越自我，是成为名师的过程中永不能放弃的目标。

名师成长，没有更多的秘密。名师之路，简言之：学、思、研、行、著。未来名师，必须在"学、思、研、行、著"中攀登，在攀登中感悟教育的真谛，在攀登中践行智慧的教育，在攀登中找到理想与现实的突破点，在攀登中逐步成"型"——成为"教育家型"的教师。

以学习充实自我，以思考激活自我，以研究提升自我，以实践智慧自我，以著述成就自我。

近年来，教育界对名师的培养颇有微词。

当"打造名师"呼声四起时，成尚荣先生说："名师果真能'打造'吗？答案肯定是不同的。"成尚荣先生还在《名师基质》一书的《对名师、教育家培养的质疑》中指出，名师培养存在"过热""过急""过于'工程化'"的现象。文末直言："生就，自然生长、生成也；造就，则是刻意打造也。名师、教育家当'生就'吧！"

储朝晖研究员在《照亮成长：让教育更有智慧》一书的《慎做"名师"，要做"良师"》中指出，真正的良师，有发自内心的一种自我追求、一种自我完善，希望自己所做的事能够对得起学生，也对得起自己的良心；而不是自己想出名、想出人头地、想获得更多的利益和权益。

李镇西老师在《自己培养自己》一书的《名师是"打造"出来的吗？》中强调："我之所以反对'打造'，就是因为这两个字意味着迫不及待的速成和急功近利的浮躁……既然如此，那么作为年轻教师，就不要寄希望于别人的'打造'，而应该有'自己培养自己'的信念、行动和毅力。"

正在走向未来的名师，听听多方的见解，是非常有益处的。至少我们知道，"千锤百炼出名师"，名师之路"有坦途但无捷径"；名师是养成的，不是速成的；不问能否成为名师，而要争取一辈子学做良师，就是"向着名师那方"奔去。

成为"名"副其实的名师，我们永远在路上。

2024 年 2 月 22 日

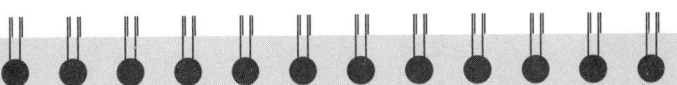

# 第一章　学

　　我们阅读关于"教师角色"的文章，总会看到"教师是学习者"的观点；我们翻阅关于"名师成长"的书籍，总会读到"学习是教师成长之源"的论断。我们经常听到这样的声音：学校是学习场，是文化场；教师是文化人，教师必须要学习，学习，再学习！

　　徐飞老师的《读书：教师的第一修炼》告诉我们：读书，可以让我们遇见越来越好的自己。朱煜老师主编的《迷人的阅读：10位名师的秘密书架》告诉我们：教师，在读书中生存。朱永新老师的《梦想因阅读而生：朱永新阅读感悟》告诉我们：没有阅读的教育，不是教育。常生龙老师的《读书是教师最好的修行》告诉我们：坚持不懈地阅读，就是与最美景致一次次的邂逅。

　　的确，优秀教师是读出来的。优秀教师，一定是勤于学习、不断充实自我的教师；优秀教师，一定是视学习为一种生活方式、一种生命状态的教师；优秀教师，一定是无限相信书籍的力量，让学习成为一种习惯并伴随终生的教师。

　　教师学习，是教师终生的追求，是教育改革的需求，是专业发展的要求。教师学习，是时代发展的必然。

# 第一节　理念：名师应成为学习型教师

《学习型学校论》一书中对"学习型教师"有如下表述：学习型教师，是指将自我实现作为人生的最大需求，有明确的学习目的，有很强的学习力，能主动地寻找学习的机会，能把学习和工作结合起来，并把自己的学习看作一个持续的、伴随一生的过程的教师。

当今时代，终身学习将成为人们生活的重要内容和律令，而教师由于职业特性又注定在这方面的要求要高于一般人。无论是为适应当下的挑战，还是为肩负时代赋予的使命，抑或是为成为走向未来的名师，都要求我们成为"好学的人"。

一个好学的人不一定能成为名师，但一个名师一定是个好学的人。

成为学习型教师，就要求教师从被动学习走向主动学习，从浅层学习走向深度学习，从阶段学习走向终身学习，从个体学习走向合作学习，提升主动学习的品质，成为真正的"敏而好学"的学习者。

名师，更应该是这样的学习者；名师，理应成为一名学习型教师。

## 一、学习型教师的角色定位

学习型教师的角色定位，取决于社会对教师的行为期待、学校发展对教师的要求，以及教师对自己成长的认识。

### 1. 教师成为终身学习者

联合国教科文组织强调，教师工作应被视为一种专业，它是一种要求教师通过严格而连续不断的学习研究，才能获得并保持专业知识和技能的公共业务。简而言之，教师工作是一种需要教师终身学习的专业。教师只有不断学习，才能适应时代发展的要求。

适应未来发展的学生，一定是终身学习的学生；培养终身学习的学生，首先需要终身学习的教师。教师只有成为终身学习的典范，才能给学生做出示范。

我们所处的时代，是一个学习化生存的时代。从学习的角度看人生，人生便是一个学习的过程。从出生到死亡，从工作到生活，从实践到观念，学习终身相伴。从学习的角度看生存，生存便是一个学习的课堂。这个课堂，永远听不到下课的铃声。

未来教育发展的变与不变以及未来教育对教师专业发展的要求，都倒逼教师去获得不断学习新知识的能力。唯有天天学习，才能天天进步；唯有终身学习，才能终身受益。终身学习，让教师勇立潮头。

### 2. 教师成为自主学习者

自主学习，是指学习不是受外部的驱动，而是主体内部呈现出的自发主动学习的精神状态。自主学习是相对于"被动学习"而言的。自主学习关注学习者的主体性，这是由教师自主而不是受他人支配的学习方式。这意味着学什么、学到什么程度由教师自己确定——学习方法自我选择，学习过程自我控制，学习结果自我反馈。

学会自主学习，学会与不同专业背景的人在交流与协作中学习，学会运用现代信息技术高效地学习，学会在研究和创造中学习，这些学习能力是教师在信息社会中所需的基本生存能力。

师者生涯会遇到各种学习活动，这些学习活动对教师的成长是重要的。但这些活动是被动的、由他人主导的。教师要学会在此基础上的自主学习，这样才能更好地契合自身发展的需求和愿望，才能形成教师的个性和"绝活"。自主学习也是一种自我调节和扬长补短的措施。

### 3. 教师成为合作学习者

以往教师的学习，多为"自主"。新课改背景下，学生的学习要"合作、自主、探究",教师的学习也应"合作"。合作学习不仅是一种理念,也是一种学习方式。作为学习型教师,必须学会合作学习,并共同构建教师合作学习的文化。

教师合作学习主要在学校的学习型组织或区域的学习共同体中进行,基本的学习方法有头脑风暴法、分享式讨论法和反思对话法。教师要有积极合作的态度、彼此信任的默契和开放的学习心态,从而在共同学习中得到成长。

"合作学习是以个体学习为基础的组织学习活动,是通过个体、团体和组织层面的互动创造知识、适应外部环境变化和提高组织的创新能力的过程。"基于这样的认识,教师的合作学习,首先要"自己先学",然后再"大家共学";"先学"的深度决定"共学"的高度。从某种角度说,学习共同体所拥有的专业文化成熟度,能够反映出教师在共同体中学习的成长度。

基于群体的合作学习是具有互推力和感染力的,因为"学习的本质是人与人之间的交往,是他人思想和自我见解之间的对话"。

**4. 教师成为教育研究者**

中小学教师是否要成为研究者,在教育界是有争议的。我的观点:一是在学习和实践的基础上走向研究,是教师成长的一个新高度;二是期望成为学习型教师的教师,应当成为教育教学的研究者;三是教师的研究要与教育实践"融为一体",即在工作中研究,在研究中工作;四是教师的研究,是以自身为主体、以教育实践的实际问题为内容、以自身发展为目的的研究。

有专家说,教师走向研究的过程是一个真正的学习过程。是的,当一个教师真正进入研究时,他学习的用心度、他视界的关注度、他思维的敏捷度、他实践的理性度,都会有一个大的提升。换句话说,研究,让教师以全新的眼光审视教育问题、以独特的视角透视教育现象、以理性的探索践行教育工作。

一线教师的研究方法,主要是案例研究、课堂观察、叙事研究、实践反思、行动研究等。这些方法符合教师职业的特点和教育教学的实际需要。研究策略大致有教学与研究相结合、微观与宏观相结合、边干与边学相结合、扬长与补短相结合等。

**5. 教师成为实践反思者**

教师反思，是教师以自己的教学活动过程为思考对象，对自己所做出的行为、决策以及由此产生的结果进行审视和分析的过程，是一种通过提高参与者的自我觉察水平来促进能力发展的途径。

近年来，"教师成为反思性实践者"已经成为国际性教师教育改革的一个重要方向，成为教师专业发展的一种重要方式。教育界普遍认同这样一个观点：教师的学习是一个反思的过程，教师作为反思性实践者是通过对实践的反思来学习和提高的。

反思把教师置于真实的校本情境中，通过研究教学过程中遇到的问题、提出解决问题的方法，来促进教师的专业发展，并使其成为思想的行动者。实践反思，应成为教师工作的"常态"。

叶澜教授说："一个教师写一辈子教案不一定成为名师，但一个教师写三年的反思，有可能成为名师。"

教师的反思，是教师自我觉悟的过程，是教师自我提升的过程。

新课程理念认为，教师个人的自我反思、教师集体的同伴互助、教育专家的专业引领，是帮助教师专业成长的三条有效途径。

**6. 教师成为学习领跑者**

广义界定的"教师"，包括校长、担任其他领导职务的教师、荣誉教师和普通教师。

校长要成为"首席学习者"。

一个好学的人不一定能当校长，但想当好校长，就必须首先做一个好学的人。校长好学，可以强化自身的领导魅力，可以影响学校的学风，可以促进学习型学校的建设。有人说，校长学习的程度决定着学校发展的高度；有人说，高学习力的校长是学校发展的时代呼唤；还有人说，校长本应是读书人，校长不读书学校会平庸。有校长说，读书奠基一种有书卷气的人生；还有校长说，天下第一好事还是读书，读书是师者最美的人生姿态。

其他学校干部（副校长、中层干部、年段长、教研组长等）和荣誉教师（特级教师、学科带头人、骨干教师等），也要成为师生的"学习领跑者"——不仅自己要善于学习，还要积极引领和组织相关教师共同学习和发展，力争提升教师群体专业化水平。

普通教师同样也要做"学习领跑者"。师者敏而好学，就会给学生树立起学习的榜样；同时要努力地为学生构建专业的学习团队，形成班级或社团的学习文化；最终师生共同将学习进行到底。

**二、学习型教师的学习素养**

学习型教师若想让学习素养有质的提升，首先要有新学习观的引领，再从学习能力、学习特质和学习反思等方面加以优化，逐渐成为"慧学"之师。

1. 教师的新学习观

"新学习"是终身的。教师无论是想不辱教书育人使命、永葆职业青春、适应未来教育变革，还是从"一杯水"到"一桶水"再到"长流水""鲜活水"，都必须走向终身学习。

"新学习"是持续的。教师的学习，是一个前后衔接、彼此连续的终身的过程，而不是一时的或阶段性的。教师要为实现发展目标而持续学习，积蓄前行的力量。

"新学习"是前沿的。教师要追踪宏观的教育理念和微观的教学动态，了解国际教育的趋势和国内教育的走向，时时关注学科教育的新进展。

"新学习"是跨界的。按学科分类进行教研，肯定有它的好处，但固守在单一学科也肯定是有局限的。何不取他科之"石"，攻本科之"玉"，跨界学一回？

"新学习"是超前的。未来教育的新走向，要求教师超前学习和研究。大规模网络开放课程——慕课，能不关注吗？还有人工智能对教育的影响，能不关注吗？

"新学习"是思辨的。只学习而不动脑筋思考，就会茫然不解；只凭空思考而不学习，就会疑惑不解。教育现象错综复杂，没有"思"是不行的，我思故我在。

"新学习"是合作的。教师应在合作学习中汲取其他教师优秀的教研成果和成功的教学经验，不断突破自己的能力上限，培养全新、前瞻而开阔的思维方式，促进自身的专业成长。

"新学习"是孤独的。合作学习的互推力能否转化成自主学习的内驱力，取决于教师能否接受独处深思、孤独学习的考验。这种"积极孤独"的学习，当为教师的应然选择。

"新学习"是网络的。现代互联网为教师的终身学习提供了广阔的平台，具有超强的广度、深度和时效性，在教师的成长中必将发挥越来越重要的作用。

"新学习"是有选择的。在信息爆炸的今天，每时每刻都有海量的信息朝我们袭来。"吾生有涯，而知无涯"，面对浩瀚书海，教师要择善者而读之，成为合格的能自我调节的学习者。

### 2. 教师的学习能力

学习，就是通过读书、听课、研究、实践等手段获取知识和技能的过程。学习力，是一个人、一个组织学习的潜力、毅力和能力的综合体现。教师学习力，是指教师通过各种渠道、采取多种手段，提升自己学习的潜力、毅力和能力的技能。

就目前情况看，很多教师的学习存在着学习基础力一般、学习动力不足、知识转化力不强、知识创生力薄弱等问题。

有人说，教师学习的程度决定着所教学科的高度；高学习力教师的培养是促进学校发展的时代呼唤；教师的学习是与工作结合的学习——实践为基，问题为本，在反思中深度学习。

田俊国在《激活课堂》一书中直言："只有学习力远超社会平均水平的人才有资格持续当老师。做老师，决不能用自己的存量知识了此残生，必须运用自己的学习力与时俱进地发展自己。"

他同时指出，教师学习力无非是以下内容：独立的理论学习、社会学习以及经验学习能力，能够把外在的信息交流、内在的心智建模、上脑的认知迭代、下脑的模式升级等多种学习活动有机地结合起来，持续更新自己的心智模式和反应模式。

教师学习力有三个层级：基础层——知识和经验；转化层——理解与实践；高级层——能力与创新。教师就要沿着这三个层级，拾级而上，步入深度学习之境。其路径大致有专业理论学习、课堂观摩、课题研究、参加培训、跟岗学习、线上教育讨论等。最后我想强调的是，这种学习力是"教师的现场学习力"，可以在自己班级现场，在同行教师的课堂现场，在学校教研活动现场，在培训讲座现场等进行感知与培养——我们在这样的"现场"里，反思了什么？学到了什么？滋养自我了吗？提升自我了吗？

### 3. 教师的学习特质

学习型教师的基本特质包括自主学习、终身学习、经典学习、跟进学习、创新学习、合作学习等。

自主学习。这不是"让你学"，成为学习的被动接受者，而是"我要学"，真正成为学习的主体。"我要学"是一种进取的精神状态，强调的是学习的主动性、独立性、自控性。这种精神状态也是教师实现专业自主发展的关键因素。

终身学习。教师的学习要紧跟时代；教师要研究学科的新发展，要思辨教育教学的新潮流，要预判未来教育的新趋势，要不断丰富自己的文化内涵。这些都要求教师终身学习。教师唯有终身学习，才能适应教育之需，才能实现职业生存、潜能发展和自我价值。

经典学习。教师阅读经典，尤其是阅读教育经典，应是为师之基。走向学习型的教师，应当是乐于"直扑经典"的教师。真正的经典是益友、是良师，能够与我们精神相通。在成为名师的路上，有些经典是教师绕不过去的，唯有伴着经典，方能行稳致远。

跟进学习。随着时代发展，教育面临一系列新的挑战。随着课程改革，不少新的教学方式出现在我们面前；名师成长，更是各有各的路径。教师就要关注这些新的变化，从教育媒体、教育论坛甚至微信等网络途径及时跟进学习，也可以从各大图书网站的"每月新书榜"中选择合适的教育新书抓紧研读。

创新学习。创新学习就是教师有与他人"不尽相同"的学习方法，会灵活地学、科学地学、智慧地学。要知道，在信息时代变革学习比变革技术更重要。教师要充分利用多平台、多媒介、多方式进行学习，涵养学气，让自己"腹有学术气自华"。

合作学习。合作学习不仅是一种理念，也是一种学习方式。作为与新课程一同成长的教师，必须学会合作学习、共同构建教师合作文化，拥有积极合作的态度、彼此信任的默契和开放的学习心态，从而在共同学习中共同成长。

### 4. 教师的学习反思

教师学习的类型通常有阅读性学习、实践性学习、反思性学习、研究性学习和写作性学习等。其中，教师的反思性学习，近年来被广泛关注，各路专家学者都在"纵论反思"。

蔡伟在《你也能成为特级教师》一书中认为，任何名师的成长都需要良好的外部环境、先进的教学设备、优质的生源等，但这些外在条件只是在名师成长中起着一定的辅助作用，教师内在的深度发展才是走向成功的根本。教师内在的深度发展涵盖很多方面，但占据根本性位置的是教师的反思精神。这种自我反思，是教师职业成长的需要，也是教师职业自尊的标志。

郝晓东老师在《教师成长力：专业素养发展图谱》一书中认为，名师是反思性实践者，能自我赋能、主动学习、善于琢磨，在对自己经验和实践反思的基础上，建构起个人的实践智慧，形成自我独特的教育教学风格。

我们还可以查到更多的关于反思对教师成长的意义和反思方法等精彩论述。这些都告诉我们，要想成为名师，先要从反思做起，并逐渐形成反思的习惯。

### 三、学习型教师的阅读境界

学习有多种形式，其中阅读是最重要的学习形式。全民阅读形象代言人朱永新教授有非常多的关于阅读的金句，他在《阅读之美》的折页上写道："改变，从阅读开始。"

阅读，是教师的本分；专业阅读，是教师成长的基石。

1. 书名识阅读

随便在网上搜一下，我们就能发现很多关于教师阅读的书。读一下书名，就知道教师阅读的重要性，也大致知道怎样寻找阅读之道。教师可以选一两本书细读一下。

国内专家写给教师的"阅读书"有《教师阅读力》（刘波）、《读书是最对得起付出的一件事》（梁晓声）、《学以致用的教师阅读》（王春易）、《教师阅读与基础教育》（任翔）、《读书那些事：给教师的阅读建议》（梁杰）、《书择十本：20位教师的阅读私语》（马朝宏、宋鸽）、《经典之外的阅读》（徐贲）等。

国外专家的"阅读书"有《阅读是一座随身携带的避难所》（毛姆）、《如何阅读一本书》（莫提默·J. 艾德勒等）、《如何阅读西方经典》（苏珊·怀斯·鲍尔）、《我为何阅读：探索读书之深层乐趣》（温迪·雷瑟）、《一生的读书计划》（克里夫顿·费迪曼）、《为什么读经典》（伊塔洛·卡尔维诺）、《学习的创新与创新的学习》（伯尼·特里林等）等。

2. 名人说阅读

在网上搜索"名人说阅读"，我们就会找到很多"名人读书名言"。我从不同角度，择几条与读者分享，并结合当下情况给出我的微思考。

韩愈：书山有路勤为径，学海无涯苦作舟。（微思：若有"书山有路趣为径，学海无涯乐作舟"的读书之境，那就是"迷人的阅读"。）

颜真卿：三更灯火五更鸡，正是男儿读书时。（微思：后两句是，"黑发不知勤学早，白首方悔读书迟。"师范生、年轻教师一定要趁早多读书，积蓄未来前行的力量。）

孔子：学而不厌，诲人不倦。（微思：梁启超先生曾说，"我觉得学不难，不厌却难；诲人不难，不倦却难。"要向孔子学习，做"不厌""不倦"的好老师！）

徐特立：不动笔墨不读书。（微思：科技进步改变了不少学习方式，人们在网络上、在手机上读，少见"动笔墨"的。不过虽然科技也能让人在机上"动笔墨"，但不能丢掉徐老所说的"动笔墨"。）

毛泽东：好好学习，天天向上。（微思：青年女教师邓睿写了《老师好好学习，孩子天天向上》一书，因其中的"麻辣语录"而迅速成为"网络红人"。说得好，只有老师好好学习，孩子才能天天向上。）

周恩来：为中华之崛起而读书。（微思：阅读是教师成长的原动力，教师成长好了，学生也就生长好了。"少年强，则国强。"教师之读，也是"为中华之崛起而读"。）

巴金：读书是在别人思想的帮助下，建立起自己的思想。（微思：别人的思想，可谓"高人点悟""专家引领"，自己的思想就是"得到启悟""辩证探索"。）

杜甫：读书破万卷，下笔如有神。（微思：《中国教育报》每年都会评出"教师喜爱的100本书"，看看我们能"破"几本；每年"破"10本，10年也才100本。我想说，"读书破百卷，为师就有神"。）

### 3. 名师善阅读

名师，总体来说是善于阅读的。我们随便找一本关于名师成长的书，看其目录，就会找到名师阅读的"秘密"——这是公开的"秘密"，几乎所有老师都知道，我们希望有更多的老师也能做到。

还有一些书，直接记录了名师的阅读心得。

《迷人的阅读：10位名师的秘密书架》一书，记录了10位名师的"阅读感悟"。张学青："阅读——生活在别处的最低成本方式。"冷玉斌："那个阅读着的自己，正是握着我生命纺线的精灵，我，将永远服从他。"王木春："这世界以及我的心灵，到处被无形的铁条切割。书籍帮我越过一根根铁条，让我看到世界的辽阔，获得心灵的自由与呼吸。"周春梅："对于爱书人来说，未来的美好，至少有一大部分来自对阅读的期待——你不知道在下一秒会遇见一首什么样的诗、一个什么样的故事，所以要好好活着。"

### 4. 阅读、悦读、深读

名师应是阅读者。

"要给学生一杯水，教师要有一桶水。"这一桶水从哪里来？很重要的一个途径就是向书本、杂志学习。当然，现在人们说，一桶水不够了，教师要有一条长流常新的小河。不管是一桶水还是一条河，教师都需要不断地充实知识、更新知识。一个教师，家中没有一定数量的教育、科学、文化类书籍和杂志是不可思议的。

教师的职业特点决定了教师应是个阅读者。教师只有通过读书，不断地进行"充电"，才能使自己的职业生涯有源源不断的"活水"。"生命不息，读书不止。"阅读是一种生活习惯，也是优秀教师成长的基本习惯。

名师应是悦读者。

悦读就是用快乐的心去阅读，我们在阅读中品味生活的情趣，努力让生命有更多的喜悦。悦读的目标定位是培养兴趣，悦读内容要强调趣味，悦读过程要重视快乐体验。阅读与悦读一字之差，却体现了不同的读书理念。阅读的过程应该是使人愉悦地享受和创造的过程，教师阅读宜保持愉快之心境、变阅读为悦读。

被动阅读，是阅读；主动阅读，也是阅读。让我们主动阅读吧！因为只有在主动阅读的时候，读者才会觉得阅读是一件很开心的事。心花开了，阅读就会变成悦读。"学而时习之，不亦说乎？"读书可以是很快乐很幸福的一件事，希望越来越多的老师成为一名"悦读者"。

名师应是深读者。

无论什么时代，阅读都影响着一个民族的思想的深度和高度。但如果过分热衷于"浅阅读"，潜藏的危害将是巨大的。在阅读已呈大众化、通俗化甚至娱乐化的今天，我们很有必要重新呼吁教师的深度阅读。

教师的深度阅读，似可从"学、思、研、行、著"入手，让深度阅读达成我们的精神高度。教师发展，"学"是"思"与"研"的前提和基础，"思"与"研"是"学"的总结和提高，"行"是"思"与"研"的实践，而"著"则是"学、思、研、行"的概括和升华。

从阅读到悦读，我们快乐成长；从悦读到深读，我们智慧成长。阅读、悦读、深读，让我们成为一名快乐而智慧的教师。

## 第二节　内容：学科深学，教育恒学，文化广学

说到教师的阅读内容，多数学者都会说到"专业阅读"。朱永新教授认为，一位教师的阅读史，不仅是他的精神底色，也是他的教育蓝图。为此，新教育主张教师要有"吉祥三宝"：专业阅读，站在大师的肩膀上前行；专业写作，站在自己肩膀上攀升；专业交往，站在团队的肩膀上飞翔。其中，专业阅读是最基础、最关键的行动。

专业阅读，其内容在我看来至少包括学科深学、教育恒学和文化广学。

### 一、学科深学

涉及学科的经典著作，你是不能不读的。有些经典你在大学期间读过，当老师后，还要找出来读；学生之读与为师之读，体会是不一样的。有些学科经典著作，在大学期间没读过，工作后就要请专家推荐，然后细心品读。这些经典著作，是名师学科教学之基。近年来，学科教育有影响的新著，尤其是你所教学科的大师、名师的专著，也是一定要读的。这些书在一定程度上代表着现代学科教育理念。还有学科刊物，你要对其有一个全面的了解；在此基础上订阅一些刊物，刊物一到就抓紧时间阅读。当然，你也可以在知网之类的网站搜索而读之，这样你就具有学科的前沿视域了。

#### 1. 学科经典著作之学

每个学科都有经典著作。经典通常是伟大的，经典一般也是我们的良师益友，"经典之学"可以让教师倍增前行的力量。

经典是经过历史检验的，经典是可以经常重读的，经典是有生命的。教

师就要尽量在入职前读一些学科经典著作，成为新教师时再及时读学科经典著作，师者一辈子都要伴着书香读"经典"。

学科经典是哪些书？怎么找？我觉得可以看看你所在学科的研究生必读书目，再结合网络查询或请专家推荐，基本上就知道大致有哪些书了。我是数学教师，我从数学学科的角度找给读者看，大家可以类比到自己所教的学科。

数学传统经典类：欧几里得《几何原本》，柯朗、罗宾《什么是数学》，克莱因《高观点下的初等数学》，波利亚《怎样解题》《数学的发现》《数学与猜想》，弗赖登塔尔《作为教育任务的数学》，阿达玛《数学领域中的发明心理学》，纽曼《数学的世界》等等。

数学历史经典类：克莱因《古今数学思想》，贝尔《数学大师》，李学数《数学和数学家的故事》，卡兹《数学史通论》《东方数学选粹》，沈康身《历史数学名题赏析》等等。

数学文化经典类：米山国藏《数学的精神、思想和方法》，史宁中《数学基本思想》，克莱因《西方文化中的数学》，夏皮罗《数学哲学》，吕埃勒《数学与人类思维》，汪晓勤《数学文化透视》，怀尔德《作为文化体系的数学》等等。

数学教育经典类：张奠宙《数学教育经纬》，喻平《数学教学心理学》，鲍建生、周超《数学学习的心理基础与过程》，王光明《数学教育研究方法与论文写作》，蔡金法《数学教育研究手册》，汪晓勤《数学史与数学教育》等等。

**2. 学科名家著作之学**

各个学科都有名家，教师对自己所教学科的名家要有所了解，比如名家姓名、所在单位、研究方向和出版著作，然后就可以选择相关书籍学习。名家大多是名师，读名家之书，就是向名师学习。以名师为师，你就可能是下一个名师。

名家著作怎么找？就数学学科来说，我的经验，一是关注学科刊物的新书简介，往往有内容说明和购买渠道说明；二是关注学科丛书信息，比如科学出版社的"趣味数学丛书""走进数学教育丛书""好玩的数学丛书",上海科技教育出版社的"数学桥丛书""马丁·加德纳数学游戏全集",上海教育出版社的"通俗数学名著译丛";三是在当当网按"出版时间"搜索,一般一个月"搜"一次,主要在教育类的"教育理论/教师用书"和科技类的"科普读物"或"数学"中搜,我每月都能搜到我想要的书。

还有几种找法:一是按名家姓名找,比如张远南老师,你在网上就能搜到他的许多书;如清华大学出版社的"给孩子们的数学故事书"(6本)和"给孩子们的数学游戏书"(3本)等。二是注意他人书籍或论文后面的主要参考文献,著作的参考文献也完全可以供我们"参考"。三是在网上查询某个教育热点话题,也能找到许多相关的书籍,如查询"数学核心素养",仅当当网就能查到10多本;四是参加学术会议询问同行"有谁出版新书了""您最近研究什么",往往就会有收获。

读者不妨按我说的找找看,一定能找到你所教学科的名家著作,多找一些来读。读着读着,你的学科专业学习就渐渐有了高度、广度和深度。

还有两类书不得不提,就是学科竞赛类书和学科教辅类书。对于学科竞赛,我有两个观点,一是"全民奥赛"肯定是不行的,也没必要;对感兴趣、有能力且学有余力的学生,可以鼓励参与,毕竟"经历过奥赛的人是不一样的"。二是学科教师应读这类"奥赛"书,因为"学科竞赛"是你这个学科的"高档菜",你读了,既提高了你的专业深度,也可以在平时的教学中巧妙地渗透"奥赛思维"。

学科教辅类书内容比较多,有学科课标的,有考试理论的,有大纲考纲的,有考试趋势的,有知识系列的,有方法能力的,有例题习题的,有模拟试题的。对教辅书,要研究分析,重点收集,重点选用。

### 3. 学科关联著作之学

和学科关联的书,内容多数是学科知识的"横向联系"或"科际联系"。事实上,学科"科际联系"是一个很值得研究的课题。在科学发展走向高度细分化和高度综合化的时代，学科教育理应有"科际联系"。如果我们的每个学科都"有机"联系其他学科，我们每个学科教师都"用心"联系其他学科，学生就会整体地看问题，就会逐步学会系统思维和综合思维，就能打下一个适应未来的基础。

我家的书架上就有《数学与文化》《数学与文史》《唐诗与数学》《寓言与数学》《麻将与数学》《文物与数学》《数学与军事》《数学与经济》《数学与教育》《数学与哲学》《数学与创造》《数学与未来》《数学与美学》《数学与美术》《数学与金融》《数学与建筑》《数学与计算机》《数学与人》《数学与科学进步》《数学与生活》《数学与人类文明》《数学与智力游戏》《神话中的数学》《文学中的数学》《故事中的数学》《社会科学中的数学》《数学科学与辩证法》《生物数学趣谈》《数学与体育》《体育中的数学》等书。每本读下去，都挺有意思。

其中，数学与艺术关联的书就有《数学与文艺》《音乐与数学》《数学与美术》等。数学老师读之，数学课可能就有"艺术味"了；艺术老师读了，艺术课也可能就有"数学味"了。

教师应当要很有"学科味"，但教师不能仅有"学科味"，还要适当"跨"出来，这样你的学科教学就会显得"大气"，也自然与当下所提倡的"跨学科教学"对接了。

4. 学科教学刊物之学

每个学科都有一些涉及学科教学的刊物，这些刊物有综合类的和学科类的。综合类的有《课程·教材·教法》《人民教育》《福建教育》等，里面有一些学科教学的文章；学科类（以数学教学为例）的有《数学通报》《数学教育学报》《数学教学》《数学通讯》《中学数学教学参考》《福建中学数学》《小学数学教师》等。教师可以根据自己的需求，结合学校图书馆的订阅情况，选定一些订阅学习。

20世纪80年代，我订阅了大约23种数学教学杂志。当时我在闽西山区教学，相对来说信息不通畅，所以我通过订阅报纸杂志了解外面的世界、了解数学教育研究与实践的情况。这是十分有效的学习方法。

杂志一到，我就抓紧读，几乎是"读红"了，就是每页都读都画还写批语，同时做目录分解，以便日后好查询。有时看完目录中的某个题目，自己就想：这个题目让我来写，我会怎样写？我把自己的写作框架拟出来，再进行对照——是别人写得好还是我的框架妙？那段时间我读了大量的数学教育文章，为日后的研究奠定了深厚的基础。

那时，我订阅的综合类杂志不多，一是经济受限，二是觉得非数学类杂志利用率不高。随着教育研究的深入，我在读《人民教育》《福建教育》时，发现有许多文章写得不错，可那时没有复印机，我只好抄。我有好几个笔记本，是用来抄"教育佳作"的。后来感觉这两本杂志的好文章越来越多，尤其是《福建教育》有好几个页面刊登"教育文摘"，抄要花太多的时间，所以我干脆把这两本杂志也给订了。之后，我又订了《教育研究》《课程·教材·教法》《教育文摘周报》等。这五份刊物我至今一直在订阅。

5. 学科网络新媒介之学

科技发展让教师有了多元渠道和便捷方法去进行学习，教师可以通过电子版文献学习，也可以利用线上的学科微信群获取资源进行学习。

我就加入了几个线上"数学教师群"。群里的干货很多，我几乎每天都在群里"偷资源"，分门别类"入库"，以备不时之需。

比如"马丁·加德纳科普主题交流群"，群友有500人，以北京专家为主。马丁·加德纳是美国数学家与著名的数学科普作家，1957年，加德纳在《科学美国人》杂志上开设了一个数学游戏专栏。这个专栏一直延续了大概四分之一个世纪，直到1981年才宣告结束。正是这个专栏奠定了加德纳在趣味数学领域的地位。

北京每年都有"中华世纪坛·马丁·加德纳数学科普年会"，年会论坛内容基本上是趣味数学方面的话题，如新研发的扑克游戏、新研发的益智游戏、数学文化引发的趣味问题、传统游戏的现代趣玩等。每年的论坛活动，都为青少年设置了数学益智游戏活动区，有不少老师和家长带着孩子们来玩。

有此群，"数学趣玩"基本搞定！

"数学之友"群，群友也有500人，以上海专家为主。群内有众多的数学教育教学论文、各类最新试题、各类数学论坛直播，尤其是有非常多的国内外的数学模型或数学问题的"动态画面"——这是数学与艺术的融合，这是数学的美与神奇。

有此群，"数学教学"基本搞定！

"数学与诗"群，群友有439人，以广州专家为主。群内有精彩的"数学诗""数学史""数学文化"分享。我们看群主吴康老师的《数学颂》：

> 创于宇宙，痴迷人类！
> 源于自然，造福社会！
> 神思之海，心智之汇！
> 礁石奥秘深邃，
> 滩涂珍宝荟萃，
> 浪花灵感翻飞，
> 岛屿风云际会！
> 啊，数学！
> 百科之挚友，为百科添辉！
> 好玩，有味！
> 平和，娇贵！
> 精致，崔巍！
> 仙韵，天籁！
> 至真，至美！
> 至尊，至伟！
> 数学不朽，数学万岁！

## 二、教育恒学

关于教育的书很多。当班主任就要读一些班级管理的书；研究学生学习心理，就要读相关的心理学方面的书；探究未来教育，就要读教育信息化方面，尤其是"互联网+教育"的书；推进校本课程，就要读课程管理方面的书；自身发展，就要读名师成长方面的书。

### 1. 教育经典著作之学

"读教育经典，做智慧教师"常常是各地"教师读书节"的主题。是啊！教育经典，是教育的根、是教育的魂，多读经典就能让我们成为智慧教师、就能让我们的教育逼近教育的本真本原。

我在40岁之前，读中国古代教育经典的书多些；40岁之后读国外现代教育经典的书多些，这与近年来国外教育经典书籍被大量引进有关。

中华民族文化的宝库中，蕴藏着丰富的教育思想。不说别的，就说孔子的教育思想和教育方法，就够大家学一辈子了。《论语》《论语解读》我算是细细读了好几遍。至于中国古代其他教育家，例如老子、墨子、孟子、荀子、董仲舒、王充、韩愈、柳宗元、王安石、朱熹、王守仁、李贽、徐光启、王夫之……他们的教育思想，我是从《中国古代教育家思想解读》《中国古代学习思想》这类书中读到的。

我们这代教师，前些年又在一批批专家的指导下，读了不少外国教育名著，如夸美纽斯的《大教学论》、洛克的《教育漫话》、杜威的《民主主义与教育》、蒙台梭利的《童年的秘密》、马卡连柯的《教育诗》、布鲁纳的《教育过程》、苏霍姆林斯基的《怎样培养真正的人》、布鲁姆的《教育评价》、小原国芳的《全人教育论》等书。近年来，我们又读了帕尔默的《教学勇气》、加德纳的《智能的结构》、雷夫的《第56号教室的奇迹》、佐藤学的《学校的挑战：创建学习共同体》《静悄悄的革命》《学习的快乐：走向对话》等书。今天我脑海中形成的教育思想和教育理念，都是受到上述古今中外书籍观点浸润的综合结果。

记得有一位专家这样说："不读《论语》，不读杜威，不读苏霍姆林斯基，是成不了名师的。"阅读是为了借鉴。读着读着，我们就站在了巨人的肩上，渐渐地看到了更高更远的地方。

### 2. 教育名家著作之学

相比于教育经典之书，近现代教育名家的书，更多地指向教育的当下和教育的未来，更贴近基础教育的实际情况。这些书可以帮助教师为自己赋能，破解一些遇到的教育难题。

我们可以从当代教育家东缨的"大教育三部曲"《教育大境界》《教育大乾坤》《教育大求索》中，读出教育的大视野、大格局、大情怀；从李镇西老师的《给教师的36条建议》《李镇西答新教师101问》《好教师是这样炼成的》《自己培养自己》等书中，读出师者成长的真谛和具体路径；从余文森教授的《有效教学的案例与故事》《从有效教学走向卓越教学》《核心素养导向的课堂教学》等书中，读出我们的教学离卓越还有多远。

当然，我们也应当注意一些普通教师出版的书，有些书是这些老师一辈子在某个领域的研究成果。很多老师在某个领域往往"术业有专攻"，此类书也就颇具特色，值得学习借鉴。一些老师出书，请我写序，我交稿后，他们都会感谢我，而我经常这样回复："应当感谢你，你让我免费读了一本大家还没读的很有特色的书。"

### 3. 教育关联著作之学

什么是"与教育有关联的著作"？就是你看书名，它并没有直接指向教育，但书的内容与教育是有关联的，甚至是密不可分的。

比如教师阅读心理学方面的书，可以更好地了解学生的心理状态，关注学生的内心世界，培养学生良好的心理素质，做好教育教学工作；还可以了解自己的心理状态，学会管理好自己的情绪，增强抗压能力，更好地工作和生活。

又如教师阅读哲学方面的书，可以培养辩证思维，站在"高处"看问题；教师阅读科普书籍，可以培养理性精神；教师阅读人物传记，走近名人伟人，可以以他们的成长阅历砥砺自己；教师阅读脑科学方面的书，可以了解我们的大脑，科学用脑，并努力培养学生的"超级大脑"……

其实，我们还可以从《中国教育报》每年"教师喜爱的100本书"中看到那些"与教育有关联的著作"。比如2022年度评选出的《人类未来细思量：科学与人文百题》《进击的病毒》《从北到南看建筑》《文明的比较》《与世界对话》等。

由教师推荐、教师评选、教师阅读的《中国教育报》"教师喜爱的100本书"，充分体现了教师视角。自2011年推出以来，已成为深受教师欢迎的、有影响力的教育书单。教师就可从2011年度"搜起"，那1200本书中，一定会有你喜爱的各类与教育有关联的著作。

顺便说一下，如果教师们把每年的书单导语复制下来，读一读，那么就会对"读书"有更深刻的认识。比如2021年的导语："翻开书页，就像铺开一卷无际的河流，我们蒙受文字的荣耀，即使是片羽之光，也会像大河一般广阔无际……"2023年的导语："当读书这件事成为生活的一部分，在一年将尽的时候，盘点读过的书，就等于给自己的岁月做个小结……"

### 4. 教育品牌刊物之学

教育类"国字号"刊物有《教育研究》《课程·教材·教法》《人民教育》《中国教师》《中国教育报》《中国教师报》《教育文摘周报》等。多数学校的图书馆会订阅一些刊物，教师应该经常去翻阅，了解教育新成果、新进展、新趋势，关注教育热点论争、难点破解，学习先进经验，提升教育教学素养。

一些省级教育刊物办得也很不错，很有特色。如《上海教育》，版式清新，直击热点；《江苏教育》，佳作荟萃，亦庄亦谐；《福建教育》，用心组稿，很接地气；《教师博览》，全新实用，应有尽有；《教师发展研究》，发展教师，助力教师。

涉及中考、高考，教师可以阅读一些考试类期刊，如《考试》《中国考试》《试题研究》《高校招生》等。这些刊物都有许多考试方面的指导文章和研究文章，也有许多新颖、实用、有针对性的训练习题。教师应及时研读这些材料，及时与我们自己的复习迎考对照，并注意有机结合、融入总复习之中。

**5. 教育网络新媒介之学**

互联网技术的发展为教师学习和研究带来便利。教师所需资源可以考虑在相关网络平台或手机端获取。教师想做些研究，就可以考虑在"中国知网"或"百度学术"等一系列正规合法的学术网络平台查询相关资料。

不少教育类杂志开始实行"双轨制"——发行纸质出版物并提供电子产品。教师可以关注这些刊物的变化，根据自身情况和需求，选择纸质阅读或网络阅读。纸质阅读，伴随着纸和墨的香味，可写可画可细品；网络阅读，师者心怀"精神之书香"，易查易存易分享。

还有不少教育类公众号，里面有很接地气的教育内容或新颖实用的教育方法。比如我关注的"中国教育三十人论坛"经常有知名教育专家的讲座，"寻找好课堂"有系列的"寻找中国好课堂丛书"作者的作品分享，"家庭教育之声"从多维度、多视角、多领域众论"家教之道"。

## 三、文化广学

教师是文化人，教师的知识应是广博的。一名物理教师，不能仅读物理书籍，至少还要读"大理科"的书籍；一名历史教师也不能仅读历史书籍，至少还要读"大文科"的书籍。科学少了人文，就少了气质；人文少了科学，就少了理性；科学和人文，相辅相成，缺一不可。李政道先生说："科学和人文是一个硬币的两面，而这个硬币就是文化。"所以，人文类的教师要读一些科学类的书，科学类的教师也要读一些人文类的书。

**1. 教师应是文化人**

文化人，即为"文"所化之人，以"文"化人之人。

教师成为文化人，是其专业性发展的应有之义和应然追求。教师的文化意识、文化涵养、文化底蕴、文化精神构成其"师者之基"，影响其教学成效。龙宝新博士认为，"教师作为文化人"的新意蕴是，教师的本性是文化性，教师是文化的建筑，教师是文化的寓所，教师是文化的存在。

鲁迅先生曾说："文化是骨髓里的东西。"教师要从"专业人"走向"文化人"，这种文化不仅指知识，不仅指学历，不仅指职称，还指一种丰厚的文化积淀，还意味着有高尚的品德和修养。

有人说："只有作为文化人的教师，才能称为'教师'。"有人说："教育是以文化人的事业，作为文化人的教师，至少应该包含三种品性——知性、德性、诗性。"有人说："在繁忙的人生中，回归心灵的源头，做一个好人，做一个文化人，做一个幸福的人。"

说得都很好！所以，教师要有做文化人的自觉和志向，并达成个体的文化自觉，努力提升自己的"文化力"。

2."一点知识"与"一切知识"

说到教师的学识，我有这样一个观点：教师要"一切知识懂一点，一点知识懂一切"。

德国化学家利希腾贝格曾说过："一个只知道化学的化学家，他未必真懂化学。"化学家如此，教师亦然。教师应广泛涉猎人类文化的众多领域、逐步积累广博的知识与技能、加强对相关学科知识的学习，以求触类旁通之功效，做到"一切知识懂一点"。既"专"又"杂"，是时代对教师的要求。唯其如此，才能有更深刻的"预设"，也才有无法预料的精彩"生成"。"一切知识懂一点"，就是教师学识的"广博"，是一种"横向学习"。

苏联著名教育家加里宁指出："教师应该首先精通他所教的学科，不懂得这一门学科或对这一门学科知道得不是很好，那么他在教学上就不会有成绩。"因此，为师者在自己所教的专业领域的某个层次里应"懂一切"。懂本专业的历史、现状和发展趋势，懂本专业的特点、方法和应用等。"资之深则左右逢其源。"教师的专业造诣越深，则他们在教学中的回旋余地也越大。"一点知识懂一切"，就是教师学识的"精专"，是一种"纵向学习"。

3. 跨界学习

"跨界学习"是当下的教育热词，其意义、其内涵、其要素、其路径是什么？我们可以找相关书籍读一读。

张怡老师所著的《跨界学习：面向未来的教师专业发展新路向》封底有这样一段文字：

跨界学习——这里有什么？

这里有一扇破茧之门：打破认知边界，激活知识的全方位建构；突破组织边界，激发每一个体的创造活力；跨越时空边界，打造"多维"的教师学习新样态……在"跨越边界"中实现创意迸发！

这里有一条发展之路：老师们直面"不知"，探索"未知"，重构"有知"，走向"创知"；学校内愿景共建、结构开放、动力内化、主体互依、价值提升……在"跨界学习"中实现能量迸发！

这里有一种无限可能：培养教师五大核心能力，打开教育视野，联结未来教育，实现学科创新，以"全人"育"完整人"，展现卢湾教育培育未来人的新希望……在"全域素养"中实现价值迸发！

老师们在跨界学习的时候，学生也就"灵性生长"了！

4. 未来阅读

"未来阅读"算是一个新词。王金涛老师的《未来阅读》一书的主题是：重新定义阅读，开启未来阅读新样态。

它解答了我们一线老师如何面对阅读变革带来的挑战的问题，为我们打开了一片崭新的关于阅读的天地与教学空间。未来在阅读赋能中形成，在教学创造中实现。

"文化广学",理应"广"到"为未来而学";走向未来的教师,一定要关注"未来阅读",在转型与变革的创新阅读中,成就未来的自己;未来的阅读更多偏向信息流式的阅读,要抓住适合自己、对自己有所帮助的知识;未来阅读,就是为未来而"阅",为未来而"读",就是为未来奠基。

5. 素养融合

于漪老师在《上海教育》杂志上的《为有源头活水来》一文中这样说:"一位教师无论教什么学科,都离不开文化积淀。教文科的教师当然要钻研本学科的业务,但也要拓开视野,读一些自然科学的书;科学、技术,哪怕是常识性的知识,也应了解一点。教理科的教师除了钻研自己教授的数、理、化、生课程之外,必须读一点人文读物,增添自己的文化底蕴。"

是啊,文科教师也要有一些基本的科学素养,理科教师也要有一些基本的人文素养,这就是素养"融合"。

人文素养是教育活动中跃动着的灵魂,要使教育活动充满人文精神,教师的人文素养就必须加强;当今时代,科学技术发展日新月异,良好的科学素养已成为今日教师必备的基本素质。换句话说,要培养未来一代新人,教师仅仅具备一两门学科专业性知识,已经远远不够了,当代教师必须具备基本的人文素养和科学素养。

我们上网搜一下"科学与人文",会发现很多相关文献都在说"融合"。杨叔子院士这样说:从某一角度上看,科学是在讲"天道",人文是在讲"人道"。固然,"天人合一",在更深层的意义上是指"天道人道合一";但从某一角度上看,也可指科学与人文的互动、互补、交融、合一。"天人合一",是中华民族文化一大精华,特别在今天更为国内外一切有识者所公认。

老师们扪心自问,我们在教育教学中做到"天人合一"了吗?

## 第三节　方法：师学之道

我们前面说的，主要是"为什么学"和"学什么"的问题。下面我们从广义学习方式的角度，分析一下"怎样学"的问题。

### 一、向师学习与向生学习

向师学习。可以向名师学习，也可以向一般老师学习；可以向本校老师学习，也可以向外校老师学习；可以向年长的老师学习，也可以向年轻的老师学习。取人之长，补己所短，改进教法，不断提高自身素质和教学水平。

同行中，一定有名师，起码是本校的名师。名师，往往有渊博的学科知识、精湛的教学技艺、深刻的教育思想、优秀的道德品质、感人的人格魅力，这些都是值得我们学习的。以名师为师，你很可能就是下一个名师！同行中更多的是普通教师，每位教师往往有自己的长处、优点和某方面的教学特色，这些更是我们可以学习的。

每位教师都有自己的优势，老教师人格高尚、兢兢业业，中年教师年富力强、经验丰富，年轻教师朝气蓬勃、熟悉新技术，大家相互学习、共同提高。为师为学，必须借助向师友学习到的知识以及师友的指导，这是历代学者治学经验的结晶。

向生学习。"师不必贤于弟子。"教师还应开诚布公地向学生承认自己的过失或不足，经常向学生学习，这是教学相长规律的客观反映。

陶行知先生曾说过："你要教你的学生教你怎样去教他。如果你不肯向你的学生虚心请教，你便不知道他的环境，不知道他的能力，不知道他的需要，那么，你就有天大的本事也不能教导他。"

于是，我就向学生请教，学生教我上课要风趣一些、要玩些游戏、要适当幽默。严格地说，我的教学主张"品玩数学：好玩 × 玩好 × 玩转 × 玩味"，始创于学生、完善于学生、践行于学生。

老师们，当你不知怎么教书时，就向你的学生请教吧！

## 二、书刊学习与实践学习

书籍是人类文明的载体，是人类智慧的结晶。读书，无疑是求知的一条重要途径；读书，无疑是立德、培智、陶情、修身的基础。但一个人的求知培智、立德修身并不仅仅局限于读有形的书。书籍本身就源于社会实践，也是社会实践的总结。我们为什么不直接向实践学习？向实践学习，就是在实践中学习，在实践中获得真知、在实践中形成能力。

向实践学习在于用心。向实践学习，要牢记"处处留心皆学问"的道理，就是要用心从丰富多彩的教育实践中多方面地汲取知识、开阔眼界、增长智慧。教育实践，每时每刻都在发生，有本真的，也有异化的，用心才能"看得明白"。"未来已来，将至已至"告诉我们：当下实践的"微变革"正是走向未来的行动，用心才能"厘清方向"。

向实践学习在于品味。教育实践中的道理，常常是"只能意会，不能言传"，常常是"发于点滴，行于心田，融于交流，盛于久远"。我们只有悉心揣摩、细心品味，才能有深刻的体会和感悟，才能把实践中的成功经验学到手，才能总结反思实践中存在的问题。在纷繁复杂的教育实践中的学习，是需要我们一辈子揣摩品味的。

向实践学习在于体验。古人说："纸上得来终觉浅，绝知此事要躬行。"今人说："实践出真知，力行长才干。"我们看到的、听到的、读到的、感悟到的，都不如我们亲自动手去实践。杰出的教育人物的成功之道，既来自读书，也来自实践。他们正是通过实践积累了宝贵的经验，才获得了对事物的真知、对书本知识的深刻理解。

向实践学习在于辨识。面对教育实践的种种现象，不能眼花缭乱。我们要善于辨识，以正确的教育视角，捕捉教育实践中更深层的意义和教育实践中蕴含着未来的意义。在教育实践"潮流"滚滚而来之时，清晰地辨析出哪些"潮"是正确之"潮"，哪些"潮"是错误之"潮"，哪些"潮"是"未明之潮"。对于正确之"潮"，就要学习之、研究之，进而追赶之。

向实践学习在于凝练。教育实践，呈现出的样态是多种多样的，既"精彩纷呈"又"良莠杂存"。我们不仅要学会用"慧眼"辨析出"精彩"之处，还要学会用"精彩"语言表述弥足珍贵的教育实践成果。教育实践的成果，要积极和有效地表述，做到有精度、有高度、有深度。

在向实践学习的过程中，简单地模仿学习，最多只能达到"形似"；在模仿学习基础上的升华，可以达到"神似"；而在模仿、借鉴基础上的积极创新实践，才可能"超越"。

向实践学习，我们不能仅仅停留在借鉴、模仿的层面上，而要积极探寻源于实践变革的力量。借鉴模仿是一种学习，触类旁通地加以运用是高一层的学习，而悟出先进教育实践的"本原"之道，才是更高一层的学习。

**三、进修学习与终身学习**

我觉得，老师们如有机会，还是要积极地参加进修学习。进修学习，可以让老师们系统地掌握专业知识，进一步提升专业能力，关注学术专业前沿，结交新的老师和同行。当下我们有许多进修学习的机会，大家要倍加珍惜，充分利用好每次进修的机会提升自己。

我们既要进修学习，又要终身学习。在信息时代，终身学习将成为人们整个生活的重要内容和律令，成为人们的一种生活方式。而教师这个职业又注定对这方面的要求高于一般人。不知老师们是否注意到一个名词的变化，即"师范教育"正逐步被"教师教育"取代。这等于告诉所有教师："学历社会"

可能会迎来终结，时代的发展要求从"学历社会"走向"学习社会"。

人们不仅要终身学习，还要在这种理念下学会学习。近来，有这样一句名言引用频率颇高："在未来，你所拥有的唯一持久的竞争优势，就是有能力比你的对手学习得更快。"是啊，无论是为迎接新世纪的挑战，是为肩负时代赋予的使命，还是为成为走向未来的名师，都需要我们学习、学习、再学习。

课程改革正步入"深水区"，教师如果不跟进学习，那么你敢"下水"吗？信息化浪潮正滚滚而来，教师如果不学习新的信息技术、提升自己的信息素养，那么你敢在浪尖上"起舞"吗？核心素养的提出，又给教师的教育教学带来新的挑战——为素养而教，你能不持续学习吗？

生而为人，都要终身学习；生而为师，没有理由不终身学习。

## 四、追踪学习与思辨学习

追踪学习，可以是对书籍文章的追踪，可以是对教育名师的追踪，可以是对教育事件的追踪，可以是对教育潮流的追踪。追踪学习，从某个角度说，其实是一种"崇拜式"的学习。但学习不能都"崇拜"，还要"思辨"。我爱导师，我更爱真理！

追踪几位教育大师和他们的书籍文章、找机会向他们请教、索要一些资料，是一种学习；古人治学要求"审问之，慎思之，明辨之"，即我们要会"思辨学"。对新理论、新观点、新方法、新技能，既大胆地吸收、借鉴，又灵活地与工作实践相结合，有选择、有批判、有针对性地加以应用，决不能照搬照抄、生搬硬套。

荀子在《劝学》中说："思索以通之。"此言精辟！"学而不思则罔，思而不学则殆。"学习，贵在思考。

带着思考去学习，才能有辩证思维。现在可读的教育类书籍非常多，教育问题往往是处在两难抉择中，不带着问题去学习，就很可能会接受某些过激的观点，或沿袭某些陈旧的观点。只有带着思考去学习，我们才能逐步形成自己对教育问题的思考和判断。

带着思考去学习，才能领悟真经。思考，是对学到的知识进行归纳、提炼、消化和吸收的过程。无论是书本上的知识、实践中的体验，还是其他人的经验，要转化为能力和本领，都离不开自己的领悟和思考。思考得越深，消化吸收得就越多、能力提高得就越快。

带着思考去学习，才能见解独到。用"活性的大脑"去学习，才能看到问题，才能对问题有独到的见解。当某些教育事件一闪而过时，我们往往需要敏锐地捕捉到要研究的问题。

### 五、合作学习与孤独学习

教师合作学习的主要方式是在学校中构建起学习型组织，基本的学习方法有头脑风暴法、分享式讨论和反思对话。"同备一节课"，看谁备得有新意，看谁备得有实效，在很大程度上就是"头脑风暴"；"同上一节课，同评一节课，同研一节课"，教师们相互展示分享自己的授课经验，共同研究讨论这些课例的足与不足。老教师的科学"预设"、合理"生成"，值得年轻老师学习；年轻老师的激发情感、媒体活用也值得老教师借鉴。教师如果都有了积极合作的态度、彼此信任的默契和开放的学习心态，那么就能在共同的学习中共同成长。

在教师专业成长的道路上，是一个人独行，还是一群人做伴？是一个人走得更稳更持久，还是一群人走得更远更广阔？该如何处理好两者的关系？又该如何在群体中既汲取能量又不失个性？

有人认为，合作学习，"学习热情就这样彼此点燃""让我的行走不再孤寂、不再迷茫"。也有人认为，孤独学习，"一人独行走更远""唯有独上高楼，才能望尽天涯路"。

我以为，在"共同体"的学习背景下，也要特别强调"独学"。教师在团队学习的基础上，自觉追寻用于守望自我的澄静的人生境界，自觉进入"积极孤独"的学习之中，其行必远。要知道，"共学"一般两周才一次，而"独学"是每天都可以进行的。如果说"共学"具有互推力，那么"独学"就具有内驱力。

"积极孤独"，更能体现"自主"。独自学习，才会有更深刻的领悟；独立思考，才会有更理性的价值判断；深夜独处，更能放飞思想之翼；静坐观心，心路才不会被迷雾遮住。"只有清心寡欲，守望自我，不为世俗所染，才能够集中精力于自己所从事的教育工作，才能成就自己、成就事业。"

没有"合作"的学习，是不行的，"独学而无友，则孤陋而寡闻"；但仅有"合作"的学习，是不够的。"合作"学习，有时会产生从众效应、有时达不到应有的学习深度，"慢思维"学习者的发言机会少。

叔本华曾很夸张地说："人要么独处，要么庸俗。"康德则在家乡的小城研读写作到老，甚至未曾亲眼见过高山与大海。但也许正是这种外人看来极端的孤独，造就了学者们极致的思索。

孤独，或许能成为成就教师专业成长的特殊力量。

## 六、课题学习与学术学习

从事一个课题的研究，要从课题的选题、论证入手，进行文献综述，读他人文章著作，进行课题计划，进行课题实施，还要进行数据收集、资料整理、课题结题等，总之，要经历课题研究和实验的全过程。在完成课题的过程中，参与课题研究的教师学到了许多知识，也培养了科研能力。学会了做课题，就能自觉地将实践纳入科研的轨道，学会在研究状态下进行工作，成为一名扎根于学校"土壤"的教育科研专家。

中小学教师的教育研究，主要是通过对自身的教育教学行为的自我观察、反思与探究来完成的，是以改进自己的教育教学实践为目的的研究。因此，反思是教师成为研究者的起点，问题的求证是教师成为研究者的本质。

当以"思考"的目光审视校园、以"探究"的姿态从事教育、以"反思"

的襟怀走进课堂时，教师无疑就具有了"研究者"的特质。反思与问题同在。反思是否有意义、是否有成效，关键在于对问题的求证。对问题的求证，成了教师成为研究者的本质规定。课题研究，往往是求证的"利器"。

有机会参加学术会议，就可以在学术会议中了解学术动态、进行教育争鸣，还可以在学术会议中获取新的知识。你要参加某个学术会议，不进行某个课题的深入研究是不行的，你还要进行实验。你不研究、不实验就没有发言权。参加学术会议，往往还可以聆听许多大师、专家、同行对特定教育问题的真知灼见。你会发现这样的学习，观点最新、现场感强、给你留下的印象也特别深刻。

**七、网上学习与参观学习**

对于教师来说，学会网络学习，具有非常重要的意义。这是因为，利用网络进行学习是现代社会中的每个人必备的基本能力之一；网络学习为我们走出教室、走出课本、走向更广阔的学习领域创造了崭新的平台。

网络，能够提供海量信息，查询快速便捷；网络，能够帮我们创设空中课堂，让我们自主选择学习；网络，时有互动交流，在线学习生动。网络学习已成趋势，网络已成为教师迅速成长的一个极好平台。教师要学会巧用网络，激情遨游"网海"，同时也要注意安全"冲浪"，做个智慧的"网民"，做个驰骋云端的"先行者"。

网络学习，总的说来是虚拟的。"读万卷书，行万里路"，走出去看看、参观学习也是极为重要的学习。教师有机会的话还是应该走出去，看看外面的世界，看看人家是怎样办教育的，是怎样教书育人的，是怎样进行素质教育的，是怎样治学的。参观学习能给人一个感性认识，获取一些实用性很强的资料，能和有关人员交流感兴趣的问题，从而留下较深刻的印象。

正所谓，行万里路，不见高山，不知平川，不见大海，则不知自己乃沧海一粟；不见智者不知自己的肤浅；不见真正的大家，不知道自己还有太多的成长空间。

外面的世界很精彩，外面的世界会给我们提供有益的启示。但"走出去"前要先"备足课"，初步了解要考察之处的基本情况，带着问题、带着困惑去学习。这样的学习，才会让你有更多的收获。我参加教育部赴法国的教育考察，行前我就读了关于法国教育的诸多书籍，对法国教育有一个大致的了解。我参加厦门市赴深圳市考察学习型城市建设，行前就读了《学习型组织新思维》《学习型城市概论》《学习型学校论》等书。

### 八、探究学习与拓展学习

教师即研究者，这不仅是新时代对教师提出的要求，也是教师专业成长的目标。

探究学习是围绕一定的问题、文本或材料，自主寻求答案、意义，理解信息的一种学习方式。教师的探究学习，就是由教师自主提出问题、确立主题、围绕主题展开探究，最终解决问题、获取知识、应用知识的过程。

探究学习，可以是建立在理解教材基础上的探究。教材中的基本概念、基本史料、学科思想、范文案例等，都是可以从一个或几个方面进行探究的。就理科的例题来说，教材往往只给出一种解法，教师就可以从"一题多解、一题多变、一题多用"入手进行探究，还可以进行"从一道题到一类题"的探究。对教材进行深度发掘，给教师的探究提供了广阔的空间。

探究学习，可以是建立在备好教法基础上的探究。比如探究"教学风格"问题。形成独有的教学风格，是广大教师孜孜不倦的追求。教学风格具有哪些基本特点？有哪些类型？教师如何形成？又如探究"理想课堂的价值追求"时就能探出：理想课堂至少应追求传递知识、探究创新、人文精神、交流合作、个性发展、适应未来发展的价值。

探究学习，可以是建立在兴趣爱好基础上的探究。比如数学教师探究"趣味数学"问题，就可以从理论上、类型上、方法上进行探究；还可以分出类型，诸如对"黄金分割""拓扑数学"等进行细探。又如语文教师探究"唐诗品鉴"，美术教师探究"创意美术"，生物教师探究"生物中的数学现象"等，"探"出了境界，就是这一方面的小专家。

一个教师，尤其是中小学教师，不能仅仅掌握学科专业知识。仅仅掌握学科专业知识的教师，一般来说是不能成为大师的。理科教师，要精通专业、知晓自然科学知识，还要学习人文科学知识；文科教师，也要精通专业、知晓社会科学知识，还要学习自然科学知识。

"拓展学习"是一种从专业到"泛专业"的学习过程；围绕专业的拓展学习，是提升教师精神境界和教育视野的有效方式。

学科教师的"泛专业"学习，似有如下路径：一是从本专业的"短板"学起；二是从本专业的"边缘"学起；三是从本专业的"科际"学起；四是从"大学科"的视角学起。

### 九、虚心学习与传播学习

毛泽东同志说："虚心使人进步，骄傲使人落后。"为学者，虚怀若谷必有大益；为师者，当虚心学习。

向专家学习、向名师学习、向老教师学习，对老师们来说，更能接受些、更有学习的积极性。

为师还要向同行学习。向同行学习实际上就是团队合作学习。这种充分发掘和利用团队中有利于教师专业发展的各种资源的学习，是促进教师专业发展的有效途径。

为师还要注意向年轻教师学习。年轻教师相对来说经验少，但年轻教师条条框框少、有激情有创意，在利用媒介方面有自己的优势。

如果教师还能向学生学习，就更好了。学生的许多想法，是我们老师往往没有想到的。我就写过一篇文章，题目叫作《来自学生的巧解妙证》。

虚心学习，是不耻下问，是欣赏同事，是懂得感恩，是学会尊重，是赞美他人。

传播自己的教育观点有很多形式，比如出版著作、讲课、讲学、讲座、题词作序之类。我在这里把传播自己的教育观点主要界定为"三讲"，即讲课、讲学和讲座。那么要讲给别人听，你能不学吗？在不影响工作的前提下，适度传播自己的教育观点，你就能在传播中"丰富学识"。

要"三讲"——讲课、讲学和讲座，就要就所讲之题进行系统钻研、深入实践。这样我们的讲话内容才有深度、才有新意，这对自己的阅读与提高很有帮助。讲，是要公开讲述自己的学术理论和实践探索。这些理论与实践的成果，可以说都是建立在阅读研究基础上的。所讲之题，若是自己相对熟悉的，为了讲好学，是需要再阅读再研究的；若是自己相对不熟悉的，自己更是要查阅各种资料，收集与所讲之题相关的书籍集中研读。

传播自己的教育观点，的确是一种很好的学习方式，一定不要把它当成一种负担。在不影响工作学习的前提下，适度传播，你就能在传播中得以提升，进入一种全新的教育境界。

**十、专业学习与跨界学习**

现代专业价值观告诉我们：没有专业素养，就没有专业地位；没有专业能力，就没有专业报酬。

教师的专业形象是由教师的素养、教师的文化、教师的气节、教师的胸怀、教师的智慧等诸多方面综合形成的。

教师的专业学习非常重要，至少有如下四条路径：一是基于校本研究的专业学习；二是基于教学实践的专业学习；三是基于教学反思的专业学习；四是基于信息化环境的专业学习。

我国的中小学教师，绝大多数有一门自己所教的学科，这种分学科教学相沿成习，已经成为一种思维和行动定式。按学科分类进行教育教学，肯定有它的好处，但"固守"学科也肯定有它的不足。"外面的世界很精彩"，何不出去看一回？

跨学科学研，就是教师有意识地跳出自己所教学科，去学习、研究其他学科的知识、教师教学情况和学生学习情况，类比迁移到自己所教的学科中去，并在自己的学科教学中进行学科间的"横向联系"。跨学科学研，至少可以先从跨学科听课、跨学科教研和跨学科阅读做起。

"跨界学习"，顾名思义就是跨越边界的学习。"跨界"包括跨行业、跨领域、跨文化、跨时空等。跨界学习是向外界学习的一种新型学习方式。教师还要有意识地从"跨学科学研"走向"跨界学习"。

师者，不可不读专业书，又不能都读太专业的书。

### 十一、时时学习与处处学习

时时可学，是一种动态的学习理念。到学校可学，回家了也可学；走出去，开阔眼界，参观学习；请进来，聆听大师，高端学习。抓住任何时机学习，灵活创新地学习，也是一种基于自主的学习。

时时学习，就是我们时时刻刻都要有学习意识，时时注意学习提升。这种"时时"，体现在上课时、下课时、集中时、分散时、听课时、评课时、活动时、聊天时、游玩时、旅行时，时时积累、滴水成河。

随着信息技术的发展，网络化、数字化、个性化、终身化的教育体系的形成，为教师时时学习提供了更多的机会和可能。尤其是微信软件的便捷和普及，微信里几乎每时每刻都有可学的内容；如何充分利用微信进行"时时学习"，成为教师必须在实践中探索的一个新课题。

处处可学，也是一种动态学习理念。课堂上可以学，家里也可以学；研究基地里可以学，社会大课堂里也可以学。

要做到时时、处处学习，一是重视，二是坚持，三是有方。具体的方法可以摸索。宋代文学家欧阳修，作文章打腹稿多在"三上"，即"马上、枕上、厕上"。我们应该学习他的这种精神，见缝插针，充分利用时间。

## 十二、自主学习与"被逼"学习

自主学习，就是在自我监控下的学习，这是一种高品质的学习。这意味着学什么、学到什么程度自我确定，学习方法自我选择，学习过程自我控制，学习结果自我反馈。

自主学习，能培养教师主动发展的能力，能使教师形成良好的学习品质，能培养教师充分的自信心，能培养教师的创造意志力，能保护并激发教师的学习力。

自主学习，一般是在自己的监控下进行的。教师要努力提高自己的自主学习能力。对下面的11个问题，你若回答"是的"越多，你的自主学习的能力就越强：

寻求新的学习机会；

应对挑战，敢于冒险；

对概念、物体、时间和素材表现出兴趣和好奇；

寻找其他必要的文字、电子和多媒体信息；

找出问题进行解决，开展调查，提出疑问并进行进一步探究；

完成任务无须督促，显示出积极性和主动性；

自信而积极地探求新的学习领域；

提出新的想法，设计创新程序；

尝试多种学习活动；

必要时寻求帮助；

创造性地运用信息技术促进自己学习。

自主学习、合作学习、探究学习，是教师要学会的新的学习方式。相对传统的学习，这是学习方式的一次革命。让我们在自主、合作、探究学习中，体验新的学习过程、获取新的学习效益、走向新的学习成功。

还有一种学习，不完全是自主的，很大程度上是被逼出来的。我把这种学习称为"'被逼'学习"，我在后面的《"被逼"的阅读也精彩》一文中，写了11种"被逼"而阅读的情况。

**十三、精于一的学习与随意学习**

王梓坤先生在谈到读书方法时，非常推崇林黛玉的方法：从精于一开始。

精于一，就是集中精力，先打破一个缺口，建立一块或几块根据地；然后乘胜追击，逐步扩大研究领域。此法单刀直入，易见成效。我觉得，精于一的学习也完全适用于教师。

教师要建立研究据点，必须认真学好最基本的专业知识。人生有涯而学无涯，如果没有抓住重点进行学习，那么学习到的知识就可能是杂乱无章的，形成不了体系。比如我教数学，数学竞赛是一个系列，我必须在一段时间内，把数学竞赛类的经典书籍"细心揣摩透熟"，再扩大到区域研究与数学竞赛有关的其他书籍。这样我就打下了"数学竞赛"方面的一个全面而扎实的基础。

精于一的学习很重要，随意学习、读些闲书也未尝不可。灵感，往往来自读闲书。

吴非先生在《教师月刊》上写了篇《何不读些闲书？》。吴老师说："你可以坦然地告诉别人你在读闲书。"读闲书没有什么不好，特别是在当下，一个人视野广阔，获取智慧的概率就更高；更不用说他是在"闲"的状态下自由获取的，而不是"攻读""苦读"的。

当然，虽说随意而学、读些闲书好处多多，但也要择善而读。因为"开卷未必全有益"，比如那些诲淫诲盗、低级趣味、观点偏颇、知识错误的书，开卷不仅无益，反而有害身心健康。

精于一的学习，让师者更"专"；随意学习，让师者更"博"。精于一，需要专家引领明晰路径；随意学，宜挑选好书广泛浏览。

## 十四、纵向学习与横向学习

就中小学教师来说,"横向"和"纵向"是相对而言的。

就教育的某一专题,进行深入的研学,是"纵向"。以"核心素养"为例,我们就可以读林崇德教授的《21世纪学生发展核心素养研究》,余文森教授的《核心素养导向的课堂教学》,杨九诠教授主编的《学生发展核心素养三十人谈》,黄光雄、蔡清田教授的《核心素养:课程发展与设计新论》,高茂军、王英兰教授的《核心素养引领下的课堂教学革新》等书。往下就可以结合所教专业择书而读,中学数学教师可以读蒋海燕老师的《中学数学核心素养培养方略》,语文教师可以读邱道学老师的《阅读、评点与写作:语文核心素养提升之路》,各科教师还可以读王磊老师主编的《学科核心素养丛书》,物理教师就可以读其中的《基于学生核心素养的物理学科能力研究》等。再往下就可以读各类刊物中涉及核心素养的文章,这些文章可以在"中国知网"上搜索下载阅读。

教育"横向"联系的学习,有多种路径。比如将学校教育与家庭教育、社区教育结合的学习,以探索人类教育的三种形态;将中小学教育与终身教育结合的学习,以探索中小学在构建学习型社会中的作用和使命;将中国基础教育与国际基础教育进行比较的学习,通过探讨国际基础教育发展的经验教训,寻找对中国基础教育改革与发展有积极参考价值的东西。又如研究教育科学分支学科,人民教育出版社的"教育科学分支学科丛书",共20本,是一套很有代表性的研究资料。

## 十五、正规学习与偶然学习

我们有许多学习,是正规的。

学校组织的常规学习,往往具有时效性和实用性。比如新课改与教师专业成长、新高考呼唤新型教师、指向核心素养的课堂教学、从有效教学到卓越教学、新课改背景下的教学设计与实施、微课制作等主题，我们就要用心并结合教学实际进行学习，力争在第一时间对新的教育理念有一个相对准确的理解，并能积极践行。

学校请专家学者到学校做讲座，让老师们近距离接触大师、聆听大师讲座，亲睹大师风采，这是很好的学习机会。高质量讲座听多了，视野也会开阔，教育智慧积累了，品位也就提高了。

学校组织或其他部门组织的各类培训，教师如有机会参加，就不要错过，要努力在研学培训中练就新本领。比如名师培养、学科带头人培养、骨干教师培养计划等，这类"计划"往往有培养目标、培养主题、培养对象、培养内容、核心课程、培养时序、考核评价等，注重集体研修与个人学习相结合、理论学习与名著研读相结合、导师指导与同伴互助相结合、课题研究与案例分析相结合、影子培训与境内外游学相结合、线下理论实践研修与线上远程学习指导相结合、现场指导与跟踪服务相结合、能力提升与成果展示相结合等。

还有一种学习，是偶然的。

人们获得的很多知识，甚至是很重要的知识，并不都是从正规学习中学来的，而是通过与正规学习相区别的另一种学习形式——偶然学习获得的。所谓偶然学习，指不属于正规教育专门讲授的，而是在一种比较无计划的日常生活环境中，学习者事先难以预料的、偶然的，有时甚至是无意识进行的一种学习。

比如听说华东师范大学崔允漷教授要来讲学，学校办公室有人问："这个'漷'是读'guō'吗？"一位语文老师说："这个字有三个读音。读'huǒ'时是指村镇名，读'kuò'时是指古称的河名，读'huò'时是指'水势相激貌'。"大家猜崔教授字中"漷"的读音是"huò"，并说："长知识了！"其实，网络上常有人说"长知识"，这知识之"长"，我认为可以指偶然学习。

## 第四节　样态：学习共同体的理想境界

我这里说的"共同体"，是指"教师学习共同体"。较早的"青年教师学习共同体"，是以段艳霞老师为"首席教师"发起的教师学习团队。段艳霞是厦门市教科院的教师，我分管教科院，所以这个"共同体"的活动，我是了解的，也参加过几次活动。在活动中，我感受到这种源于内心觉醒的带有民间性的、草根性的、自主性的团队学习，是一种很好的推进教师阅读的形式。

"共同体"一般要求大家两周内先各自阅读一本指定的书，这本书往往是专家推荐的或是媒体评选出的"教师喜爱的书"中的一本。两周后的周六上午，"轮值教师"选一个适宜的读书之处，大家以"思维导图"的形式或其他形式"分享"一番或"争锋"一番。之后又推出新的阅读书目，"两周而复始"。

我被这群教师自发的阅读精神所感动。他们让我发言时，我说了如下的话："学相同才能思相近，思相近才能言相和，言相和才能行相辅，行相辅才能事相成。""教师为自己而学习，因为学习了，可以做文化人，可以改变生存境况，可以滋养心灵，可以做好的老师。""将学习进行到底，需要远见、坚持和境界。""当今社会多少有些浮躁，但只要我们用心阅读，就能在纷扰中沉淀书生本色。""读万卷书，行万里路，就可能阅人无数，就可能跟对脚步，就可能得到高人点悟。""今天要以合作学习的互推力，达成自主学习的内驱力。""教书人不读书怎么教书，让青春伴随着书香成长，以好书为伴，与经典同行。""最是书香能致远。"等等。

没想到这个早期的"共同体"，你给它一点阳光，它就"灿烂"。"共同体"产生了涟漪效应，又"生出"许多"小共同体"：教师成长共同体（凤凰树教研沙龙、名师工作室、班主任专修工作坊、墨缘行共同体等）；儿童成长共同体（小杜叔叔讲故事、心连心读书沙龙等）；家长成长共同体（小水滴读书成长俱乐部、小蜗牛互动空间等）。

厦门毗邻台湾，在两岸教育交流中，我们得知台湾也有不少这样的"学习共同体"，于是厦门和台湾每年举行一次交流。在交流活动中，我们就让厦门新诞生的"共同体"加入活动，数量一年比一年多。厦台交流已进行了多次，主题包括"养成教育""学习共同体与教师心灵发展""学习共同体与教师自主发展""学习共同体与课程美学""学习共同体的可持续发展""课堂改革""未来学校变革""教师领导力"等。从主题就可以看出，这种交流意义重大。

厦台交流，具有半官方半民间性质，各区各校都会给些指标，有指定要来的，也有自发而来的。我充分利用这个机会，传播我的"期盼"。第一次，我说："我期盼这样的共同体越来越多，那么厦门教师的阅读就能进入新的境界。"第二次，我说："我很高兴共同体多起来了，何时能突破100个呢？我期盼着。"第三次，我说："厦门有近千所学校，期盼每所学校都能实现零的突破！这样，我们厦门就有1000个学习共同体，那厦门的教师能不优秀吗？"当然，"共同体"成员并非都来自一个学校，我所说的"零的突破"是一种形象的表述。第四次，我说："当厦门学习共同体步入理想之境时，我们厦门的教育就进入了理想之境。"

### 一、理想的共同体，应是一个"家园"

"家园"是温馨之家，是一个很舒适、很安全、很温暖的港湾，是一个很专业、很教育、很文化的群体，拥有一个很和谐、很惬意、很人文的氛围。"家园"是留恋之家，大家有共同的职业追求、共同的价值取向、共同的自主活动。"家园"是心灵之家，在"共学"中涵养心性，在"共思"中启迪心智，在"共研"中升华心境。

## 二、理想的共同体，应是一个"学园"

从低层次的孤独之学，走向有热情的共同之学，再进入高层次的孤独之学，再走向有愿景的共同之学，再进入高境界的孤独之学……如此循环，直上云霄。从共同之学，到共同之思，再到共同之研，进而各自践行，并争取"写下来"成文或成书。我学故我知，我研故我智，我行故我实，我勤故我著。教育之学，可涵养专业；文化之学，可涵养人文；人生之学，可涵养心灵。

## 三、理想的共同体，应是一个"乐园"

有专业成长之乐，即分享专业视域的探索之乐，分享专业能力的完善之乐，分享专业文化的浸润之乐。有特色成长之乐，乐在"各美其美，美美与共"，乐在"各美其美，各造其极"。有幸福成长之乐，幸福来自成员之间的相互欣赏鼓励，幸福来自阅读塑造的最美生命姿态，幸福来自阅读创造的有意义的人生，幸福来自向上而完整的生活。

## 四、理想的共同体，应是一个"创园"

教育恒久远，创新每一天。共同体成员要常怀创新之心。时代呼唤微创新，因为"聚小方能成大"；要积极践行创新，即新想法要适时践行，积极适应"教育正悄悄发生的革命"；要追求理想课堂的新境界，即知识、生活与生命的共鸣，智慧、文化与生命的共融。

应该说，厦门教师的阅读之风，更多的是源于学习共同体。学习共同体是教师专业发展的一种新模式，学习共同体是学习型组织的一种新样式。有一种成功叫坚持，厦门教师"学习共同体"走过了13年，实属不易！

近年来，我们把"共同体"的外延扩大了，比如有"常态的学习共同体"：教师备课组、教师校本教研、教研员与教师共同协作、专家引领团队等。又如"短期的学习共同体"：各种层次的教师培训班、各类考察团、教师课题组等。再如"专项的学习共同体":青年教师成长工作坊、青年班主任专修工作坊、校长高级研修班、学校中层专项研修活动、青年教师信息化攻关小组等。我们要求这些"共同体",都要进入真正意义上的"阅读"。

厦门很少开展轰轰烈烈的教师阅读活动,但是师者之读却悄悄地发生,这是由于厦门有很多带有民间性的、草根性的、自发性的教师阅读组织与活动。我们在欣赏师者之读这"最美姿态"的同时,也给予高度肯定、处处呵护、不断点燃和激活教师的阅读热情,让充满激情的"阅读之师",影响"想读之师"成为新的"阅读之师",再"群群相传""群群互激",阅读之风劲吹鹭岛。当阅读之师在厦门群起之时,我所期盼的厦门教育的理想之境还会远吗?

## 第五节　案例:"被逼"的阅读也精彩

许多认识我的或不认识我但知道我的人,都认为我是一个勤奋自觉的阅读人。这种看法其实只对了一半。阅读的最高境界是"无为而读",我还达不到这种境界,因为我的"勤奋"阅读多是被逼出来的。

### 一、因"职业"而"被逼"阅读

作为数学教师的我,为了更好地教书,自然要读数学专业书;作为班主任的我,为了带好班,就要读德育方面尤其是班级管理方面的书;作为教研室主任的我,读了很多中小学教育科研方面的书;作为教务处主任的我,读了教学管理和教研组管理的一些书;作为校长的我,读了大量的学校管理和校长修养之类的书;作为教育局的工作人员,我除了读区域教育方面的书之外,还就我所分管的处室和部门,读了相关的书。

我曾分管职成处、体卫处、保卫处、规划处、教科院、信息中心、督导室。我读了不少关于职业教育、体育卫生艺术、学校安全、教育规划、教研科研管理、教育信息化、教育督导等方面的书。在工作中学习,在学习中工作,已成了我的习惯。

### 二、因"讲学"而"被逼"阅读

要讲学(包括讲课和讲座),就要就所讲之题进行系统钻研、深入实践。讲学,是公开讲述自己的学术理论和实践探索。这些理论与实践的成果,可以说都是建立在阅读研究基础上的成果。所讲之题,若是我相对熟悉的,为了讲好讲透这些内容，是需要再阅读再研究的；若是我相对不熟悉的，我更是要查阅各种资料、收集与所讲之题相关的书籍集中研读。

初为人师时，学校让我讲"新科技的发展现状与趋势"。这对我这个数学教师来说，是极大的挑战。我先是读遍了我家所藏的所有科技类的书，后到学校图书馆找了许多科技类的书来读，又钻进县里的图书馆读科技类的书。但看书看到了这个程度我还是不敢讲。后来我发现有个学生家长是科技专家，于是我上门请教并借来新近出版的许多杂志书籍参考，这才整理出一个讲稿、才敢上台讲。大家看看，为了一个讲座，我读了多少书！

### 三、因"论文"而"被逼"阅读

读专业杂志上的论文，你会发现文末多有参考文献。参考文献是在学术研究过程中，用于支持所写论文或著作的相关文献资料。而我们写论文，为了"参考"，是要读好多书的。眼前这本《课程·教材·教法》（2015 年第 3 期）中的《西方快乐教育思想之传统》的参考文献就有 34 本著作，这 34 本著作，作者能不读吗？其实，为了写论文，要读的书远不止这些，还有许多与论文选题有关的书我们也读，只是这些书对所写论文参考价值不大而未被列入。我的《研究民族学习思想，深入进行学法改革》发表在《教育家》杂志上，为了写好这篇论文，我读了 50 多本书，其中有古代教育类、现代教育类、学习科学类等。

### 四、因"著书"而"被逼"阅读

写论文要读不少书，"著书"就要读更多的书。总体说来，为"著书"而阅读是一种研读。只有建立在研读基础上的"参考"，才有借鉴的意义和价值。我最近为写论文在读的《精神分析发展心理学》，书末所列的参考文献多达 250 本，大家可以想象作者的研读境界。

我写的《好学校之境》一书，上篇写"校长成长'步入新境'"，中篇写

"教师生长'引入高境'"，下篇写"学校发展'渐入佳境'"。写书之前我要读多少关于校长成长、教师成长和学校发展方面的书（尤其是这方面的新书）？否则我写不出那个"境"。

### 五、因"课题"而"被逼"阅读

从事一个课题的研究，要从课题的选题、论证入手，进行文献综述，阅读他人文章著作，安排课题计划，进行课题实施，还要进行数据收集、资料整理、课题结题等，总之，要经历课题研究和实验的全过程。在完成课题的过程中，我们学习了许多知识，也培养了科研能力。

我为了完成教育部特级教师课题"中学数学学习指导的研究与实践"，就阅读了许多数学教育经典著作，阅读的国外的著作有荷兰数学教育家弗赖登塔尔的《作为教育任务的数学》、数学教育家克莱因的《高观点下的初等数学》等，国内的著作有丁尔陞、严士健、章建跃、张思明等数学教育专家的作品。

### 六、因"发言"而"被逼"阅读

别以为发言很容易，我无论是当校长还是当局长，发言稿大多自己写。自己写发言稿，发言时会很自然很流畅，也容易脱稿讲。面对不同的发言场景，要想讲得到位、讲得生动，我必须要阅读些相关的书。

我在厦门一中开学仪式上要讲学校文化的相关内容，就得阅读《学校文化管理》之类的书。我在运动会开幕式上发言，就得阅读学校体育教育方面的书。我参加"教育国际化"论坛，做了"教育国际化：我们期待什么？"的报告。为了这个十五分钟的发言，我至少读了《中国教育报》近三年来的这方面的文论，发言后，记者纷纷向我要这篇发言稿。

### 七、因"指导"而"被逼"阅读

我作为福建省名师名校长培养工程的专家，每年都要带一些老师校长，这些未来的名师名校长都是很有思想的，我要指导他们，我能不多读书吗？

我指导老师们要凝练教学主张，我总不能连教学主张、教学风格等都不懂吧？要懂就要找书找刊物来读啊！我指导的校长要写一本《核心素养悄然落地》的书，我就要大量阅读关于"核心素养"方面的书刊。

**八、因"考察"而"被逼"阅读**

考察直击教育现场，可以让我们在具体的环境中看到教育的真实场景、看到教育理念的落地，让我们的印象更为深刻。"走出去"要先"备足课"，就是要明确考察主题和目标，在此基础上阅读相关背景材料。比如考察某校的课程基地，我就事先阅读一些关于"课程基地"的文章。读到成尚荣先生"课程基地要不忘初心：价值立意与价值追求"的论述时，我就带着文章中"不忘初心"的这种情怀去考察。

我先后到日本、韩国、法国、美国等地学习和考察教育，我就事先把关于这些国家教育的一些经典好书找出来，在启程前先初读一遍，在旅途中继续读。如去美国考察，我就读了"美国教育微观察"丛书等。我发现"去甲地读关于甲地教育的书"效果特别好，边读边考察，你会发现你考察的视角会更加多元化。

**九、因"培训"而"被逼"阅读**

参加培训，培训部门往往会发给我们许多书。我始终认为读了这些书，才能提高教师们受训的质量。

我参加骨干教师国家级培训，就被要求读许多北师大教授的书。我记得读裴娣娜教授《教育研究方法导论》一书，学术味浓，当时感觉这本书是中国最高水平的教育科研成果之一。肖川博士的那本《教育的理想与信念》，我不知读了多少遍，那注重教育人文性的激扬文字、那发自肺腑的真言实语，给人以反思和启迪。

到党校培训学习，要读一些马列著作、哲学书和领导学方面的书。这些书我平时读得不多，就可以利用培训机会多读些，读了之后受益匪浅，对一些问题有了更深更新的理解。

我曾经分管过督导室，作为省督学，就要参加省里组织的教育督学培训。培训期间我听了很多讲座，读了几本书和相关材料，才发现教育督导也是一门"大学问"，要研究好也不容易。

### 十、因"交流"而"被逼"阅读

由于工作的需要，我经常要接待外地来厦的做交流活动的团组，也经常要带老师或校长外出交流。为达到良好的交流效果，我就要事先对交流主题进行学习。

台湾专家来厦门交流，主题是"课程美学"。虽然我对"课程美学"有一点了解，但要面对面和专家进行交流，我原有的那点"货"是绝对不够的，必须抓紧做"功课"，在知网上把"课程美学"方面的专家文章阅读了一遍，摘要出一些前沿观点。交流后，台湾专家说我的发言很有水平，我心知肚明——交流能得好评价，为有之前阅读来。

我曾带厦门市教科院教研员一行去上海市教科院交流。去之前我读了大量上海教育方面的书，如上海教育专家写的《一流城市一流教育》和《教育：塑造未来奇迹的创造者》等书，我还读了《向上海学习》等书。交流时对方听了我的发言，说这些书他们都还没读啊。

### 十一、因"评价"而"被逼"阅读

我经常要参加一些"评价"活动，如对老师授课的评价、对课题的评价、对教研活动的评价、对学校办学的评价等。

听的课若是非数学学科的，我一定会在听课前读些该学科最新的教学理念、学术动态类的书刊，或向这个学科的教研员请教相关问题；参加课题论证会，来的专家多，我更是不敢懈怠，肯定是要研究与课题相关的问题。要研究能不阅读吗？参加教研活动，是课改主题的就要找课改最新进展的材料来读；是有关教研员专业发展的，就可以读《教研学》之类的书；评价学校办学，可读的书就更多了。平时多读，临时再读些，评价就能更精准、更有价值。

其实这样看来，我们在"被逼"阅读的过程中，也能产生阅读的自觉。一个人若要把"被逼"之事做好，他就必然要在那个时候进行大量的阅读、进行习惯性的阅读，甚至进入研学之境。

# 第二章  思

我很欣赏俞月琳老师在《用智慧引领教师专业发展》一文中的一句话:"一个普通教师与一个名师之间的距离也许就深深蕴藏在'思想'中,每天一思,会让教师的今天与明天有天壤之别。"

我也记住了特级教师田间的"记住"金句:"如果你是一名教师,请深深记住两条:永远不要无视属于你的思考的权利,永远不要放弃属于你的行动的机会!"

是啊,教师应"会思",而走向名师就要从"会思"到"慧思"。慧思,是教育观念之思,是教育变革之思,是联系实际之思,是未来教育之思,是自我发展之思。

"学而不思则罔,思而不学则殆。"学习,贵在思考。学而我思,学而善思,学而深思,我思故我在。对教师而言,教而不思则罔,思而不教则殆。教育,更需要思考,只有大家一起思考教育,教育才能有更好的发展、创新和超越。

教育发展呼唤教师反思。教师反思的本质是一种理解与实践之间的对话,是两者之间相互沟通的桥梁,又是理解自我与实现自我的心灵上的沟通。教师的反思能力,是专业发展和自我成长的核心要素,特别是名师素质的重要组成部分。

一位哲人曾说："善于思考是一种美德。"师者，给自己留一点思考的时间，教而思教，积蓄美德，笃定前行，行稳致远。

## 第一节　理念：名师应是一名慧思者

特级教师魏勇说："我觉得教书要想教得好，脑袋就不能闲着……要让思考成为习惯，我觉得就是要喜欢琢磨。"名师之所以成为名师，一个很重要的原因就是他们能勇于思考、善于思考。

我手头这本代安荣老师所著的《像教育家一样思考》中有段话说得好："像教育家一样思考，就是一种精神，一种思维着的精神；一种气质，一种昂扬向上的气质；一种生活态度，一种为了心中的理想而孜孜不倦地求索的生活态度。"

名师成长，就需要这种精神、这种气质、这种生活态度。吴成业老师的《教育，诗意地哲思》告诉我们：辩证地哲思教育问题，诗意地享受教育人生。

教师，要做反思的实践家；名师，要做慧思的行动者。

### 一、教育观念之思

教育观念，指按一定的政治、经济、文化发展的要求，反映一定社会群体的意愿，对教育功能、教育对象、人才培养模式、教育体制、教育结构、教育内容、教育过程及方法等根本问题的认识和看法。

思想观念是行为的先导，先进的教育观念是教育向好发展的前提条件。时代呼唤新的教育思想的诞生，名师应是新的教育思想的思探者、倡导者和践行者。教育，需要教师深刻而诗意的理解，而不是生搬硬套、照本宣科的解读。

思考自己的教育观。比如我认为教育应该是"创造适合学生的教育"，而不是"选拔合适教育的学生";教师的素养应服务于对学生成长的促进,而不是为了自己职业的晋升;教师应当从关注学生的"智商有多高",转变为发现学生的"智能类型是什么";等等。

思考自己的师生观。比如我们在作为一名教师的同时,还应该成为学生的朋友。时代呼唤新型的师生关系,在新型的师生关系下,教师和学生在人格上是平等的、在交流互动中是民主的、在相处的氛围中是和谐的。

思考自己的人才观。比如行行出状元的人才观、生生能成才的人才观、终身学习的人才观、各有个性的人才观、"人+才=人才"的人才观。一个人发现、发展和发挥了长处,就是人才,这是"天生我材必有用"的人才观。

思考自己的学生发展观。比如学生身心的全面发展,全体学生的共同发展,尊重学生的差异发展,学生未来的持续发展。

近年来,教育界在"发展素质教育"方面做出了许多探索。教育者需要深入思考什么是"发展素质教育"。从素质教育发展的目标、重点、范围、动因、方式来看,全方位都有新亮点,都有新变化,都有新要求。"发展素质教育"的区域行动,蕴含着素质教育有效落实的新潜力、新可能、新机遇;"发展素质教育"的教师行动,也许会有更多的、更灵活的、更有特色的创新空间。

我认为,在实现"发展素质教育"的行动中,学校既是大有作为的"主要阵地",又是大可创新的"探索天地"。"发展素质教育"的好学校是有境界的。这体现在营谋好学校之境——"顶层构建"重品质,求高远;营谋好课程之境——"价值引领"重内涵,求特色;营谋好课堂之境——"指向素养"重创新,求诗意;营谋好教师之境——"内心觉醒"重师魂,求师智;营谋好学生之境——"灵性生长"重全面,求特长;营谋好家长之境——"提升素养"重学习,求合作。

**二、教育变革之思**

时代在发展,新的教育理念、新的教育方法渐渐形成新的潮流。教育,一直处在变革发展的样态中。名师应在理性分析的基础上，用"教育慧眼"应对"教育之变"。

比如当教育指向核心素养时，教师该如何应"变"？

"变"之路径一：从教学效益到教学效率。

换言之，就是要从教学效益（知识+技能）转变到教学效果（过程与结果并重），再转变到教学效率（教学效果与时间和精力投入的比值）。课堂教学效益精准化，聚焦核心素养；课堂教学效果实效化，落实核心素养；课堂教学效率最优化，发展核心素养。

创设优质高效的课堂教学是发展核心素养的重中之重，是当前基础教育课堂教学改革的要求和趋势。

"变"之路径二：从学科教师到教育专家。

学科教师要有"大教育"的观念，深刻明晰学生的全面发展是核心素养的核心旨归，学生的创新精神、实践能力是核心素养的核心价值，学生的综合素养是核心素养的核心特征，学生的个性发展是核心素养的题中应有之义。

未来的学生，跨文化理解力、跨文化合作力以及国际视野下的批判力和创新力等素养，至关重要。而这些都是超越学科的综合素养，都需要教师既站在学科立场精心施教、让学科核心素养落地，还要站在教育立场进行跨学科多维整合、全面育人。

"变"之路径三：从教学者到助学者。

尹后庆在《核心素养要落地，学习方式必须变》一文中明确指出："核心素养的落实，显然不仅仅是对教学内容的选择和变更，更是以学习方式和教学模式的变革为保障的。"我们不能不承认，在当下的教学中，知识灌输和技能训练仍然是教学的基本方式，过度关注固定解题过程和标准答案的现象非常普遍。所以，我们要把"知识为本"的教学转变为"核心素养为本"的教学，必须大力推进学习方式和教学模式的改变。

"变"之路径四：从学科素养到综合素养。

当知识不是教学的唯一目标，当能力、素养、情感成为课堂上教师着重关注的内容时，教师的情感、格局、胸怀、视野以及看待事物的态度和处理复杂问题的方式——这些综合素养才能在师生这个学习共同体中，真正地打动学生、感染学生，从而使师生在相互"发现"中达成"教"与"学"的新境界。

值得一提的是，我们对于学生核心素养的培育，既要强调素养意识，还要自然和谐融入；既要突出必修课程，还要用好其他课程。不能强求一个学科就能覆盖"全素养"；不要指望在某一学段就能深度培育"全素养"；不要认为在一节课中，核心素养培育越多越好，培育核心素养要"因课而异"；不能要求一个学生各种素养俱佳，核心素养也应是"各具特色"的，即学生的核心素养应是：基本达成＋特色素养。

### 三、联系实际之思

朱永新教授说："成功者总是善于思考，边学习，边工作，边思考。"

特级教师田间说："在教学上，我特别强调一个'思'字。通过思考来提升专业能力，提高专业水平。思，第一层面，即思考，做到课前广思、课中慎思、课后反思；第二层面，即思想，形成自己独特的教学思想和风格。通过不断努力，我逐步形成了全面、协调、生活的'以人为本'的教育理念，建立了自己的化学教学思想和实践体系。"

名师的思考，是联系实际的思考。教学前想一想：准备教给学生哪些知识？哪些学生需要特别关注？课堂上准备组织些什么活动？这些活动要达到什么目的？教学中想一想，怎样对待课堂上的提问？没有问题的课就是好课吗？有没有"失败"了的成功课呢？教学后要想一想：课堂上改变了什么？为什么要这样改变？还有哪些不成功的地方？需要怎样改进？……

我读过严育洪老师的多本书，几乎每本书都有他与众不同的"思想"。如《教育，你怎么了？》一书，目录中的15个"带有问号"的小标题，都是他

的"联系实际之思":

> 教师向学生下跪,教育的无能?
> 学生不懂礼数,到底该怪谁?
> "蹦跳",为啥学生欢喜教师忧?
> 学生的心,教师读懂了几分?
> 教师,为啥要对学生说谎?
> 教师犯错,会被学生笑话?
> "言传"与"身教",教师都做好了?
> 教师的辛苦,为何更多的是心苦?
> 教师之责,让学生"好好"学习?
> 学习的中心,一切绕着书本转?
> "你真棒",激励学生的"万金油"?
> 全课总结,食之无味的"鸡肋"?
> 家庭作业,"有"与"没有"间的博弈?
> 公开课,究竟为谁而教?
> 常态课,该是怎样一种课?

著名教育家尼尔·波斯特曼曾批评过一些教学:"如果孩子们入学时像个'问号',毕业时却像个'句号',那只能说是教学的失败。"

我们当下的教育,实际多倾向于让学生获得"标准答案",教师根据"标准答案"来评定学生的成绩。有教师指出:"这是非常危险的!更富有创造力的方法,是鼓励学生寻找第二个甚至更多的答案。"

是的,习惯寻求单一标准答案,就会严重影响学生思考问题的方式。法国哲学家查提尔针对这个问题一语道破:"当你只有一个点子时,这个点子再危险不过了。"

### 四、未来教育之思

"未来教育"正成为近年来教育界讨论的一个热点。人类正在从"现代教育"走向"未来教育"。

未来已来，已经悄悄来了；将至已至，已经渐渐至了。不管你信不信，新一轮教育信息化的浪潮正向我们袭来，一场教育变革正在上演。我们准备好了吗？"未来已来"告诉我们，未来教育不在未来，而在当下，在今天正在发生的每一个超越现代教育特征的教育变革中。

走向未来的名师，尤其要关注互联网背景下的教育变革，不能等待、不能围观、更不能抵制，要积极参与、且行且悟、优化完善。

走向未来的教育在于每天的"微变革"，这种变革是基于未来的、具有前瞻性的变革。洞见未来的变革，方能路径清晰。

走向未来的教育也在于每天的"微行动"。这种行动是基于未来视野的行动，唯有对未来教育的发展趋势有所预判，才能让我们今天的行动成就未来教育所呼唤的理想的教育。

未来教育的趋势有什么？我们想一想，就有智能化、科学化、人文化、综合化、心理化、国际化、个性化、开放化、趣味化、民主化等可能。

未来教学的可能样态是什么？我们也想一想，也许是从生答走向生问、从学会走向会学、从教会走向教慧、从单一学科走向跨学科、从本本走向超本、从教学走向促学、从一致走向差异、从发话走向对话、从讲台走向平台、从封闭走向开放等。

未来教师的当下使命是什么？我们再想一想，至少应该把握好十个"既要"与"又要"：既要"做好当下"，又要"谋好未来"；既要"继承传统"，又要"现代起来"；既要"面向未来"，又要"回望来处"；既要"修炼技术"，又要"融入情感"；既要"线下教好"，又要"线上导好"；既要"科学设计"，又要"最佳实施"；既要"追赶潮流"，又要"引领潮流"；既要"前沿关注"，又要"大胆尝试";既要"全面发展",又要"特色凸显";既要"教学有方",又要"教有主张"。

**五、自我发展之思**

名师,是以思考"拷问"自我之师;名师,是积极思考"自我发展"之师;名师,是反省"现实的我"与"理想的我"之师。

我们还可以从李镇西老师的《自己培养自己》的封底语中,再次品悟名家的"成长之思":

说到人的成长,我们总喜欢说是"领导的培养"。如果这里的"培养"指的是热情鼓励、真诚批评、提供平台、创造机会……那么,这"鼓励""批评""平台""机会"对每一个人都是一样的,但最后并非每一个人都成长起来了。就像这地球上的空气、阳光和水无处不在,但并不是每一颗种子都能发芽,每一朵花儿都能结果。所以,成长与否全在自身。也正是从这个意义上,我说每一个教师的成长,都是自己培养自己的结果。

所谓"自己培养自己",就是用一生的时间去寻找那个让自己惊讶的"我",而这个"寻找"的过程是没有止境的。

自己若想培养自己,就要先研究自己。研究自己的目的,就是要发现自己,就是要在发现自己的基础上,寻找属于自己的生长点。特级教师徐世贵曾说过:"人生之最大遗憾,莫过于始终没能利用自身潜能和特长去创造本可以出现的奇迹。"

教师能否找到这个"生长点"十分重要。如何找到适合自己发展的专业"生长点"呢?可以在兴趣中找"生长点",兴趣往往能把人带到自己想去的地方;可以在亮点中找"生长点",亮点是自己的长项,最容易获得成功;可以在边界中找"生长点",边界往往是交叉学科,先闯者先占有。

## 第二节 要点：学而我思，学而善思，学而深思

傅东缨老师说得好："思考，作为心灵深处的知觉活动，是教师极为可贵的品格。教师应该是卓越的思考者，始终要有一颗研究心。"

学习，贵在我思，贵在善思，贵在深思。

学而思则优。陶志琼老师认为："学思结合是值得称道的价值取向：教师之思需要的是深思熟虑的思，是思灵活变通之思，是思想感情丰富之思，是思维敏捷之思，是思生气蓬勃之思，是以学为基础的深思和反思，是方向明确之思。"

说得真好！我们先从"学而我思"说起。

### 一、学而我思

"思考是勤奋的一部分，人最大的懒惰是思想懒惰。"纵观教育万象，我们要在"花繁柳茂"中厘清，要在"雨骤风狂"里站定；我们不仅需要"独上高楼，望尽天涯路"的眼界，也需要"衣带渐宽终不悔，为伊消得人憔悴"的思考。唯有如此，才会有"蓦然回首，那人却在灯火阑珊处"的顿悟。

#### 1. 我思故我在

1738年的一天，马尔堡大学的校刊上一篇新发表的化学论文引起了轩然大波。因为，这篇文章点名批评了当时欧洲久负盛名的沃尔夫教授。更令人惊异的是，那篇大作的署名人竟是沃尔夫教授的得意门生——罗蒙诺索夫。

罗蒙诺索夫立即成了众矢之的，有人说他是忘恩负义的小人，有人说他是不知天高地厚的狂妄分子……在冷遇、嘲讽、诅咒面前，罗蒙诺索夫没有

屈服,他耐心地向大家解释道:"我爱老师,但我更爱真理。"对于教授的一些主观唯心主义的观点,他认为不应该盲从。一个人如果在科学上缺乏独立的见解,就不会有什么成就;只有走自己的路,才有可能成为最优秀的学者。

罗蒙诺索夫的解释不但未能说服大家,反而更加激怒了一些人。他们愤愤不平地去找沃尔夫教授,发誓要站在教授一边,给罗蒙诺索夫以重重回击。

沃尔夫教授在家里,以令人吃惊的镇静接待了来访的人。他微笑着、以颇为自豪的语气说道:"那篇文章,罗蒙诺索夫给我看过,是我推荐给《法国科学》杂志发表的。"沃尔夫教授认为,老一代科学家的观点不可能完美,能够向权威挑战、提出自己见解的后来者才是真正的人才。正因为罗蒙诺索夫具有独立思考和善于破旧的精神,教授才那样爱惜和器重他。这是多么富有科学远见、拥有多么宽阔胸怀的人啊!

教育,需要罗蒙诺索夫这样"有自我思考的""更爱真理"的老师;教育,也需要沃尔夫这样有科学远见和胸怀宽广的专家。

2. 有"我"的教育思考

我们不能苛求每一位教师都是思想家,但每位教师都要有"我是一个独立思考者"的意识,名师更要有"'我'的教育思考"。

在《教育,你怎么了?》一书中,严育洪老师认为:"真正的教育不是升学,而是成长,是幸福;教育不是训练,而是生活,是创新;教育不是管束,而是唤醒,是发现。"这就是严老师的"我思"。

肖川博士写有《有"我"的教育学》一书,其中阐述了有"我"的教育学是什么样的。肖老师说:"它需要教育者从自身的生命历程中去领悟和提炼教育的原理,是一种有着强烈的教育者个性色彩、有着'我'浓烈的生命印记和鲜明的个人风格、贯穿了真情与真气的教育学。"

特级教师卢明在《为教师成长赋能》一书中,写有《思想、境界、实践,名师成长无止境》一文。他说:"一个教师有了思想,就能在看问题时持有自己的观点,用自己的价值观加以判断,而非人云亦云。"他将"教育是启迪智慧，教育是润泽生命，教育是唤醒灵魂"当作自己的教育信条。

走向未来的名师，当有"我"的教育思考："我"是教师，"我"就是我的教育学。

### 3.有"我"的教学创新

严育洪老师在其《课堂高点：学生思想的生成》一书中，呈现了很多自己的教学创新：

> 思想的生发——让学生能够"思想着"：延续学生的"思念"；延长学生的"思绪"；畅通学生的"思路"；澎湃学生的"思潮"。思想的收成——让学生成为"思想者"：让思想不"静止"；让思想不"搁浅"；让思想不"流失"。

我在《人民教育》发表的《我教数学的"土"经验》一文中，论及24个"土经验"。这些"土"经验，我不敢说都是我原创的，但多有原创思想和独到思考。我在这里给出几个关于"作业"方面的"土"经验：

> 经验6：作业再生。"数学再生作业"就是教师在批改作业的过程中，发现错误但不直接修改，而是通过符号、提示、质疑、重做、"还原"、强化、借鉴、另解、引申、论文等方法，暗示其错误或错误的性质，或给出探索方向，由学生自己动脑动手，找到正确的答案，总结解题规律和解决新的问题。
>
> 经验15：作业谈心。通过数学作业的批改和学生进行"信息交流"，这种"谈心"起初是单向的，就是我根据学生的学习情况，或表扬肯定，或批评告诫。后来学生也会在做完作业后和我谈上几句，使谈心成为"双向的"。这种谈心，可以弥补其他谈心法的不足，如教师因忙于教学、教研活动或学生参加活动，找不到合适的时间进行谈心等。

经验20：限时作业。提高解题速度，是数学作业的一项基本功。一些学生考试时感到时间不够用，这与解题速度有关。因此，我要求学生要有效率，要提高单位时间的作业量。你若平时做数学作业一般需要45分钟，你能不能给自己一个指令：今天做作业，争取节约1分钟。你去做了，结果发现节约的可能不止1分钟，也许是几分钟。经常进行限时作业训练，必有好处。

### 4. 有"我"的课堂文化

余文森老师指出，课堂文化是课堂教学的"土壤"，是课堂教学的存在、运行和发展的"元气"，是课堂教学活力之根和动力之源。名师的课堂，就要体现有"我"的课堂文化，体现有"我"的教学风格，体现有"我"的文化烙印。

课堂文化体现着教师教学的内核，它包括教师进行教学活动的根本理念和价值观，展开教学活动的基本思维方式，以及维系师生交往的人际氛围和精神氛围等。

作为数学教师，我让我的班级形成了一种特殊的文化——灯谜文化，几乎班级的所有活动都被"灯谜"浸润。

寓教育于娱乐之中，增知识于谈笑之间、长智慧于课堂之外，这是我的课堂灯谜文化的宗旨。灯谜是融思想性、艺术性、知识性、教育性、趣味性于一体的健康有益的文化娱乐活动，是中华艺术百花园中的一株奇葩，一直深受学生喜爱。

"高三需要阳光情怀""让高三洋溢着理性的温馨"，这是我带领学生迎考的一种情怀。即便是高三学生，也不是都全力以赴、积极迎考。那么怎么用自然的方式让学生深刻领悟学习的真谛呢？

在一次模拟填报高考志愿时，我在班上对学生大声说："高考成绩不好，填志愿就充满挑战。"我顺便出了一条灯谜：成绩不好怎么办？（猜物理学中的一个分支学科）

我借机说:"成绩不好,就要继续努力学习。"学生不知我葫芦里卖的什么药,一直在想:谜底是什么?

我启发说:"你们可以翻一下《高考招生计划本》看看。"不一会儿,就有学生说谜底是不是"应用力学"。我说猜中了,你能不能解释一下。学生说:"就是应该努力学的意思。"我接着说:"非常好!但严格地说,要顿读,顿读成'应、用力、学',应该'用力'学。"我特别把"用力"两个字念得很大声,再次强调,"成绩不好,就'应'该'用力''学'。"

接着,我让学生按我说的顿读方式,齐读三遍"应、用力、学"。

全班学生兴奋地笑了起来。这"笑"是笑自己怎么没猜出来,也是笑这条灯谜的"用力"之趣。忽然间,班里的学生安静了下来。静下来,说明了什么?我深知,此时之静,是学生悟出任老师为什么在班上让大家猜这条灯谜;是成绩好的学生省悟这"成绩好"源于"用力",成绩暂时不好的学生醒悟这"成绩不好"源于"用力"不够。

猜一条谜,似有"四两拨千金"的教育功效。

多年后我参加这个班的一次同学聚会,林浩同学过来敬酒,说:"老师,你知道我是什么时候发力冲刺高考的吗?"我一时想不起来,林浩说:"就是猜了'成绩不好怎么办'那条灯谜之后,那天晚上我满脑子就是'应、用力、学''应、用力、学',后来就真的'用力学'了,并发力冲刺考上了福州大学。谢谢您,任老师,敬您一杯!"

## 二、学而善思

教师要在总结过去的经验教训的基础上,就学科教学的发展动向和教育发展的趋势,打开自己的思路,或系统思考,或辩证思考,或换位思考,或超前思考,或创新思考。统整资源,独辟蹊径,这样就能用"活性的大脑"以思考的视角去学习,就能看透问题,更能对问题有独到的见解。

### 1. 系统思考

系统思考就是能够厘清复杂事物的发展规律，从整体和宏观的视角理解事物之间的因果关系的一种思考方式。系统思考，能防止我们出现遗漏和问题，也能防止我们走弯路。系统思考，是一种"既见树木又见森林"的思考艺术。

就教学而言，整体性是统编教材一大特色，从教学目标的制定到要素的落实，都需要前后上下勾连、左右贯通，树立整体意识、单元意识，进行系统设计。

一个有系统思维的教师，在教学时，会以单元统整的视角，整合单元内部各板块，并以单元目标为认识的归属，遵循"单元—大单元—大板块—全学段"的整体思维，实现整体视域下的单元教学创新。

就教师的课程理解而言，我写有《教师要有怎样的课程理解》一文，提出系统思维下的架构：要有"全课程"的课程理解——必修课程、选修课程、活动课程、微型课程、潜在课程的体系；要有"主课程"的课程理解——校本化的国家课程、校本化的地方课程，体现学校独特育人价值的校本课程的体系；要有"新课程"的课程理解——学生为本、动态发展、自我生长、系统开放的体现；要有"我课程"的课程理解——数学好玩，玩好数学，玩转数学，玩味数学。

就新课程出现的"关键词"而言，对核心素养、课程内容结构化、综合学习、跨学科主题学习、项目化学习、大单元教学、"教—学—评"一致性、综合评价、新技术支持的评价、学校课程实施方案等的概念的思考总结也算是一种"系统思考"。

### 2. 辩证思考

要运用辩证思维、一分为二地分析教育矛盾的运动变化过程，利用对立统一、质量互变和否定之否定规律不断改进工作。

"辩证之道"是中国古代的一种哲学思想，它是儒家思想的核心。我们做任何事情都要有一个"度",既不能"不足"也不能"过分",切不可走极端;否则只会是适得其反。类比到教育教学,我们在许多方面的把握上,也有一个"度"的问题,也都有既不能"不足"也不能"过分"的情况。这也许就是教育教学的辩证之道。

教育教学,是让"理想状态"向"现实制约"妥协,还是从"现实制约"向"理想状态"迈进？不断寻找教育在理想与现实之间的"黄金分割点",是摆在今日教育者面前的一道颇有挑战的难题。教育教学的辩证思考,其实就是我们在试图寻找"辩证"话题之间的"黄金分割点"。

结合当今教育教学现状,就教育教学中的一些"关系"上的话题,比如宏观方面的有理论与实践、育人与育分、现代与未来等,中观方面的有深入与浅出、常规与创新、无疑与生疑等,微观方面的有动手与动脑、通法与特法、导课与结课等,我们就可以"辩证思考",把握好"度"。

以"赏识与惩戒"为例,赏识、激励、表扬等的教育功能都很有效。但人们发现即便如此,教育的功能似乎并没有完全实现。赏识教育是教育的一大进步,但只赏不罚的教育或只罚不赏的教育都是一种残缺不全的教育——赏与罚都是实现教育功能之必需。发现学生的闪光点,去赏识、表扬、夸奖、激励学生,是一种教育；发现学生的问题点,对其错误进行批评、训诫、矫正、惩戒,也是一种教育。其实,赏识也好,惩戒也罢,不仅是教育手段,更是一门教育艺术。

### 3. 换位思考

优秀教师,往往是善于换位思考的教师。

备课时换位想一想：学生想听与这节课有关的什么内容？优秀生怎么才能"吃得饱"？中等生怎么才能"吃得好"？学困生怎么才能"吃得了"？……如此一换位,备课就进入了一种新的境界。

上课时换位想一想：学生喜欢什么样的课堂导入？喜欢什么样的重点深化？喜欢什么样的难度突破？喜欢什么样的课堂总结？喜欢什么样的师生互

动？……如此一换位，教学的智慧就生成了。

布置作业时换位想一想：是"多多益善"好，还是"精选精练"好？是"加大难度"好，还是"难易适度"好？是"划一模式"好，还是"注意分层"好？……如此一换位，作业训练的效率可能就提高了。

组织活动时换位想一想：是穿统一校服去好，还是自由穿戴去好？是全体活动好，还是分组活动好？是放松尽情活动好，还是结合活动写篇作文好？……如此一换位，就能设计出相对让学生喜欢的活动。

学生犯错时换位想一想：是公开批评好，还是私下批评好？是迅速通报家长好，还是教师教育学生好？是严格惩处好，还是善待包容好？……如此一"换位"，就能根据实际情况找到相对合理的教育方式。

很多优秀教师是这样总结的：教师要使自己具备学生的心灵去感受，用学生的大脑去思考，用学生的眼光去看待，用学生的情感去体验，用学生的兴趣去爱好。相信教师这样做，一定能给学生带来他们所期盼的逼近教育真谛的教育。

善于换位思考的教师，做人心胸宽广、做事聪明睿智；善于换位思考的教师，处理问题往往比别人眼高一层、技高一筹。

### 4. 超前思考

超前的思维方法又称提前预计的思维方法，这是对将要到来的认识对象早做预计或提前反应的一种思维方法。

黎田、曹旭在《〈超前思维〉的超前思考》一文中，对孙洪敏所著的《超前思维》一书，有如下评述：在这本书中，我们看到作者对超前思维的阐释，既立足于哲学的思辨，而又不局限于哲学的思辨；既超越了哲学的思辨，而又回归于哲学的思辨。这样，我们所看到的超前思维，不仅是深刻的，也是生动的，是一种能够打动人、说服人，并且吸引人的思维理论。

《超前思维》一书的结语中，有这样一句让人震撼的话："超前思维没有结语。"它意味着作者清醒地认识到，超前思维还需要超越。显然，这种超越是对自我的超越，即对过去那个自我的扬弃，对现在这个自我的突破，对未来那个自我的追求。从这个意义上看，没有结语的超前思维会产生一种推动追求的力量——它追求的是一个永恒的自我，即永恒的超前思维。

优秀教师应当具备这种"吸引人"的超前思维，并对"超前思维"有自己的"超前思考"。如果将当前思考看作接力赛中跑起始棒的话，那么，超前思考就是准备跑好第二棒、第三棒……当前思考与超前思考互为基础又相互促进，两者相辅相成、相得益彰。

经济合作与发展组织（OECD）编写的《教育会输给技术吗？——人工智能在阅读和数学中的进展》一书中指出，人工智能的进步正在引领一场迅猛的技术变革，人工智能在测试中的表现可能优于大部分成人：其读写能力可以超过90%的成人，计算能力可以超过57%~88%的成人。人工智能的能力如何测评？人工智能的发展对人类就业和教育有什么影响？教育该如何发展？

教师们读读类似的书，就可能会对未来的教育有一个预判。这就是一种超前思考。

5. 创新思考

创新思维是指以新颖独创的方法解决问题的思维过程。人们通过这种思维能突破常规思维的界限，以超常规甚至反常规的方法、视角去思考问题，提出与众不同的解决方案，从而产生新颖的、独到的、有社会意义的思维成果。

时代呼唤创新精神，时代呼唤教育创新，时代也呼唤具有创新思维的优秀教师。

教师的创新思考，要以"积累"为基础。余映潮老师为了让自己能坚持创新，每每思考语文教学时，若发现自己脑海里闪出一些新的想法，就随时将这些想法记录下来。余老师说："名师成长的过程，往往是'集万千磨砺于一身'的过程，坚持积累、持续钻研，进而激发创新思维。"

教师的创新思考，可从"微创新"做起。微创新，是每个教师都可随时进行的事，是发生于教育教学过程的每一次教学设计和每一次教学实施的事，是融于教育教学活动的每一细节的事。因为其"微",名师可高位做,骨干当积极做,所有教师都可以做。微主张,要微出其新,这样就是微创新。而我们所做的这些"微创新"也许就是传说中那只在南美洲扇了一下翅膀的蝴蝶。

教师如今的创新思考,总离不开"互联网思维"。互联网思维是具有鲜明时代特征的思维,是以互联网技术为思维基础,以重视、适应、利用互联网为思维指向,以收集、积累、分析数据,用数据"说话"为思维特点。这没有什么神秘之处。细分一下,互联网思维有"九大思维",即用户思维、简约思维、极致思维、迭代思维、流量思维、社会化思维、大数据思维、平台思维、跨界思维。这些思维若与教育对接好了,那就能处处见"创新"。

创新思考的路径还很多,读者完全可以"头脑风暴"一下,探寻出新的路径。

**三、学而深思**

深思,就是教师带着一颗思考的大脑去学习,同时将自己的教育教学实践与所学的教育之道进行比较,探索不断超越和提升自己的教育境界之道;就是对所学内容和自己教育教学工作细节的一种追问、审视、质疑、批判、肯定、否定、推敲、明辨……思考得越深,深刻领悟就越多,能力提高得就越快。

1. 追问之,审视之

追问,追根究底地查问,多次地问;审视,仔细地看,反复分析。

对那句"书山有路勤为径,学海无涯苦作舟"的古训,陈益老师说:"书山有路任我行,学海无涯逍遥游。"

精辟!

无独有偶,我读巢传友编著的《数学思维与趣兴拓展读本》序言,作者欣然吟诗一首:"书山有路勤为径,数海无涯玩作舟。不使韶光空过隙,弥坚矢志再耕耘。"

很好!

我想,是否能略改一字,将其改为"书山有路'趣'为径,数海无涯玩作舟"?

玩数学游戏的过程,与数学家探索问题的过程高度一致。

此时,我又想起了陈益在《游戏:放松而专注的智慧》一书中的一些金句:"游戏人生得大自在。""是的,会玩的人更有创造性。""用意深层的结构图,发现游戏的境界、健康的境界、创造的境界、潜能的境界、学习的境界是息息相关的,而成长的路是殊途同归。"

还有对那句"业精于勤荒于嬉"的古训,她说:"小成成于勤,大成成于嬉。"是到了摒弃"游戏无益"的旧观念的时候了——游戏不仅育智,更育人,育"一代新人","大成成于嬉"!

### 2. 质疑之,批判之

陈献章的"学贵有疑,小疑则小进,大疑则大进"名言,强调的是"质疑"。不会思考就不会质疑,师者若有"生疑再生疑"之行,课堂教学就会步入"探索再探索"之境;让课堂成为"疑问"的世界,课堂就会因质疑而更精彩。

从课堂教学的"教师问问问,学生答答答"的传统教学模式,走向"生问"——让学生会提问题,就是教师质疑后的新的教学之境;从把课讲得很完美、很干净,讲得"没有疑问",到创造课堂"疑无止境"文化,也就是教师变"去问题教学"为"生问题教学"课堂教学文化。这也是教师"以疑促疑"后的生动课堂。

孟子的"尽信书,则不如无书"强调的是我们要有批判精神。教师要有批判精神。这种"批判",是建立在客观理性的基础之上,追求公正合理的理性分析的批判。而要获得批判精神,则需要教师们敢于怀疑、充满理性、包容多元、开放创新。

直击教育问题,敢于批判现象。教师具备了批判精神,才能不断改进教学,才能拥有鉴别力;教师只有学会批判,才能播下批判的种子,才能培养出有个性和创见的学生。

### 3. 肯定之，否定之

"因材施教"出自《论语·为政》，说的是要针对不同对象的具体情况，采取有针对性的教育方法。"因材施教"说了几千年，大家都理解了、都认同了、都在积极传播和践行了。

但有一些专家学者对"因材施教"原则进行反思。有人指出，"因材施教"在大班额情况下，实施的难度增大；"因材施教"相对适合小班额教学、小组教学和个别教学辅导。有人指出，在班级授课制背景之下，"因材施教"没有明确的指标作为依据。有人指出，"因材施教"原则的彻底执行，将导致教学的低效率。有人指出，"因材施教"强调的是教师的"教"，而忽视了学生的"学"等等。

周彬教授在《从"因材施教"到"因教施学"》一文中说道："因材施教是一个美丽的教育理想，但越是美丽，对孕育它的条件就越是苛刻。因材施教至少有两个前提：一是教师有足够的时间与精力去掌握学生的学习潜力与学习现状；二是教师在课堂教学过程中以掌握的学生信息为原则，而不受其他原则的干扰。前者决定着因材施教的可行性，后者决定着因材施教的必要性。"

周教授进一步指出："因材施教的思想，的确有利于教师提高教学效率。但这种思想的代价，就是降低学生学习的主动性，让他们被动地等待教师的帮助，而不是主动解决自己遇到的学习问题。""'因教施学'的主体是学生，在课堂教学中，学生利用教师所教的方法和技巧，积极发挥潜能，进行自主学习与自我创新。这样的观念，不但对学生学习的主动性提出了要求，还对学生如何适应不同教学风格的教师提出了要求。"

田昭霞老师补充说："从'因材施教'到'因教施学'，无论对于教师还是对于学生都是一种责任，相信施教者和受教者都能从中受益。对于教师而言，'因材施教'不应受到教育发展中错综复杂问题的影响而遭遇尴尬，它不但是我国古代教学经验的结晶，还是现代教学必须坚持的一条重要原则。对于学生而言,'因教施学'不仅能发挥学生的主观能动性,而且能让他们的求学之路走得更加久远。'因材施教'和'因教施学'把教师同学生之间的关系拉得更近。"

真理越辩越明,如果把"因教施学"中的"教"从"教师"拓展到广义的"教",是否是一个值得探索的话题?

### 4. 推敲之,明辨之

储朝晖老师写有《慎做"名师",要做"良师"》一文,我一看标题就立即翻看起来。储老师说:"'寻找大国良师'的活动是为大众服务的,不搞计划指标,不搞地区平衡,是干干净净、客观、专业、公正的。唯有这样,才能有效矫正已令一些人欲罢不能的'名师工程'。"

这就是对"良师"与"名师"的"推敲之"与"明辨之"。

储老师进一步认为,"良师"最重要的标准有两个:一是获得学生的认可;二是做好教师的动因是教师内在的自我完善与追求,而非外部驱动。从这个角度看,追求做名师到最后总会有一个上限;而良师的追求永无止境,每一个人的一生都可以永远地追求良师的境界。

是啊!良师是追求自我和完善自我之师,也是深受学生爱戴之师。"寻找大国良师"的活动告诉我们,良师不一定都能成为教育家,但教育家一定是良师。众多良师的教育之道,聚合起来也就涵盖了教育家精神的所有特质。

受此文观点的影响,我接到一个刊物约写"教育家精神"主题相关文章时,标题就定为《一辈子学做良师》,文末有这样一段话:

> 于漪老师说:"一个教师真正的成长就在于他内心深处的觉醒。"我很幸运,能在初为人师时,内心深处立下了"想做良师"的愿望,就这样一辈子学做良师,经历了教育教学的多学校、多岗位锻炼,在教育家精神的映照下,一路"向着良师那方"奔去,不断去逼近人生和事业的最大值。
>
> 不问能否成为教育家,一辈子学做良师,就是"向着教育家那方"奔去。

# 第三节　重点：教学反思与教学改进

反思，就是复盘过去的事情，从中总结经验教训。"吾日三省吾身"说的就是"反思"；"回首向来萧瑟处，归去，也无风雨也无晴。"是宋代大文豪苏东坡对自己人生历程的反思；"春花秋月何时了，往事知多少。小楼昨夜又东风，故国不堪回首月明中。"是南唐后主李煜对失败教训的反思。谁能不回忆往事呢？反思是人生的一部分，生活中不能没有反思。

反思，不是在脑中毫无目地地"过电影"；反思，是指对自己的思想、心理感受的思考，对自己体验过的东西的理解或描述，对自己经验的总结与提升。反思的目的是提升自己的人格魅力和学识魅力，有效地改进、完善自身，促进事业发展。

## 一、众说反思

当"反思"成为教育流行语时，我们可以用心关注涉及"反思"的专家言论、书籍金句和媒体热词，从"众说反思"中获取对反思、对教育的更多的、更新的理解。

叶澜教授说："一个教师写一辈子教案不一定成为名师；如果一个教师写三年的反思，有可能成为名师。"成尚荣老师说："名师的可贵之处，正在于他们反思的自觉性、持久性和深刻性，并把这一'流行符号'变成学习和工作的习惯。"

美国学者波斯纳在总结人的发展时曾得出这样的公式：经验＋反思＝成长。佐藤学认为，教师是反思性实践家。

教育家杜威说："要成为有效的教育管理者，必须注重反思。反思既是内隐性的思维活动，又是外显的探究行动；反思有较强的对象性，消除困惑、解决问题、促进实践合理性是反思的目的；反思需要当事者有较强的责任感和较好的意志品质，如坚强的毅力。当你着手分析、反思这些问题时，你已经开始了自己的成长过程。"

罗树庚老师在《教师如何快速成长：专业发展必备的六大素养》一书中说，教师专业发展必备的六大素养之一是"反思力"，篇头有如下文字：我们与名师之间，有时仅仅隔了一个反思力。反思力是让经验转化为理论的催化剂。一名教师，如果没有养成反思习惯、缺乏反思力，即使工作二十年，也可能是他一年经验的简单重复。

## 二、反思有道

"吾日三省吾身"，说的就是"反思"。

教师的反思，是教师自我觉悟的过程，是教师自我提升的过程。

新课程理念认为：教师的自我反思、教师集体的同伴互助、教育专家的专业引领，是教师专业成长的三条有效途径。

教师反思，是教师以自己的教学活动过程为思考对象，对自己的行为、决策以及由此所产生的结果进行审视和分析的过程，是一种以提高参与者的自我觉察水平来促进能力发展的途径。课程改革背景下的教师反思，更多的是教师运用新的教育理论来反思和检验已有的教育理论的合理性和局限性，以自己已有的教育理论来反思、检验新的教育理论的实用性和合理性。

教师反思的主要内容有：教师教育教学观念的反思、教师角色定位的反思、教师教学知识内容方面的反思、教师教育教学活动组织与开展过程的反思等等。

有人依据教学进程，把教师的教学反思分为教学前反思、教学中反思和教学后反思。

教学前进行反思。这种反思具有前瞻性，能使教学成为一种自觉的实践，并有效地提高教师的教学预测和分析能力。

教学中进行反思。这种反思具有监控性，能使教学高质高效地进行，并有助于提高教师的教学调控和应变能力。

教学后进行反思。这种反思具有批判性，能使教学经验理论化，并有助于提高教师的教学总结能力和评价能力。

这三个阶段构成了教师教学反思研究的基本过程，对改造和提升教师的教学经验具有重要的意义。

教师反思也可以从教学实践、理论学习和相互借鉴三个层面展开。

### 1. 在教学实践中反思

特级教师孙双金曾经指出一种现象："喧嚣与繁华的社会让我们心浮气躁，现代快节奏的生活让我们慢不下来。我们就像一台永不停止的机器，转、转、转，忙、忙、忙，眼花缭乱、应接不暇。知识的洪水淹没了我们的大脑，也淹没了我们的智慧，我们的大脑几乎成了别人思想的跑马场。"

这种现象在现在的中小学里是常见的，这表明多数教师的教育实践是一种"操作性实践"。专家研究认为，这种实践是一种有"病"的实践，是需要提升的实践。能够提升这种实践的实践，至少是一种反思性实践，即在教学实践中反思。这种反思性实践，是一种需要实践智慧的实践，是一种需要创新的实践。

教育本质上是实践性活动，但相同的教育实践活动对不同教师的专业发展的提高程度，取决于教师的实践反思的深刻程度。

严育洪所著《教育，真的是这样吗？》一书，提出了14问：学生的说谎，都应归咎于品德问题？学生发呆，浪费时间的表现？回头看钟，学生不懂规矩？惩罚教育，良药总苦口？故意忽视，教师不负责任？正规教育，"逆袭"无用？教书育人，非"一本正经"不可？不接触不铺垫，教学的原生态？教师授人以渔，够了吗？教学任务，以顺利完成为圆满？学习情景，学生越熟悉越好？学海无涯，以"苦"作舟？课堂生成，"浑身都是宝"？出题目，教师才能干的事情？

在我看来，"每一问"都是基于实践的反思。

2. 在理论学习中反思

对教学行为进行反思需要一定的、适应时代发展的教育理论和学科专业知识。教师应不断学习和研究教育理论，特别是学习和研究基于课程改革背景下的先进的教育教学理论。学习和研究理论，不能仅仅停留在"吸收"和"巩固"上，而应在理解消化的基础上进行深刻反思，并付诸新的实践。

我们知道，"没有理论的实践是盲目的实践"。为了不盲目，我们不仅要学习理论，还要在理念学习的基础上进行反思。教师只有提高理论素养、追溯教育现象的理论源头，才能有真正意义上的反思。

我在学习了"学习科学"的相关理论后，反思后悟出"教师不仅要'教'，还要教'学'，教学生'学'"的道理；我在学习了"多元智能"的相关理论，反思后悟出"每个学生都能找到属于他的第一"；我在学习了"建构主义"教学主张后，反思后悟出，合作学习、探究学习、体验学习、项目式学习等，都属于"建构主义"流派；我在学习了"差异教学"的相关理论，反思后悟出，没有"差生"，只有差异，应让差异成为教学资源。

崔允漷等老师主编的《新课程关键词》，给出了22个关键词：核心素养、学业质量标准、学习任务、课程内容结构化、综合学习、跨学科主题学习、项目化学习、深度学习、情境学习、学科实践、因材施教、基于课程标准的教学、大单元教学、"教—学—评"一致性、过程评价、综合评价、增值评价、学业述评、协商式评价、表现性评价、新技术支持的评价、学校课程实施方案等。

我们不仅要学习这些"关键词"，更要边学边反思，这样才能达到作者所期待的课程境界……这些观念与实践对于课程实施者领会运作新课程至关重要，且在很大程度上决定学生"体验"到的课程是否达成或接近课程理想。

### 3. 在相互借鉴中反思

陈玉琨教授在谈到教师专业发展时，有一句常被人引用的话："尊重同行教师，在借鉴他人中完善自己。"的确，教师的专业发展需要不断借鉴别人的经验，需要借鉴和学习别人的成果。

教学反思虽然是以教师个人为主，但并不排斥教师间的交流、合作与研讨。教师之间的合作学习、同伴互助是校本教研的一项重要策略。教师之间的知识结构、思维方式等存在很大差异，这种差异是一种宝贵的教学资源。

多少回"同上一节课"的"百花齐放"，让我们感受到这种差异的价值、感受分享创造的快乐！欲"常教常新"，不思何来？

### 三、深度反思价更高

思考，是名师的必修课。名师的"适度反思"应当成为常态；名师更应在"深度反思"中追寻教育的智慧。深思方能洞见，洞见教育发展之势，洞见教师成长之道，洞见课堂教学之术。

孔子说："君子有九思。视思明，听思聪，色思温，貌思恭，言思忠，事思敬，疑思问，忿思难，见得思义。""九思"是孔子对君子修炼方式的精辟诠释，如果把它移植到教师反思上，在我看来，"九思"应是名师走向深度反思的基础。

"视思明"就是观察问题时要思考是否观察得明白。教师只有把观察和反思交融在一起，才能透过现象揭示本质、避免主观臆断。

"听思聪"就是倾听时要考虑是否听清楚了。教师要善于在倾听中思考，去伪存真地提炼出金点子。

"色思温"就是要考虑脸色是否温和。教师如果盛气凌人、怒形于色，那么必然会疏远学生和家长，这样就不好进行家校沟通了。

"貌思恭"就是待人要考虑是否恭敬端庄。教师只有"貌思恭"，才能亲近学生和家长，凝聚教育力量。

"言思忠"就是说话要考虑是否忠厚诚恳。靠说假话换来的荣誉也迟早会遭人所唾弃,教师只有真诚地说出自己的见解,才能以信取人、才能树立威信。

"事思敬"就是做事要有一颗负责之心、敬畏之心。教师要无限忠诚于教育事业,把办好让人民满意的教育作为自己的神圣使命。

"疑思问"就是有疑问了要考虑虚心向别人求教。教师要不耻下问,这是一种解决疑难的途径,也是一种激活学生思维的有效方法。

"忿思难"就是将要发怒时,要考虑是否这样做有什么后患。教师要修身养德,要时刻告诫自己:随意的愤怒从愚蠢开始,最后则以后悔而告终。

"见得思义"就是看见好处要思考是否合乎道义。教师要考虑长远,决不让眼前的诱惑蒙蔽了自己的双眼。拒绝不合"义"的"利",可以换来永久的"利"。

老师们,如果你们从"反思"走向"深度反思",你们的新的成长就开始了!

陶志琼老师在《教师的境界与教育》一书中,论及这"九思"时,指出这"九思"之中就有九种需要往教师心里去的重要之事……教师之思有源头活水,这源头活水就是这"九思"。

教师的深思,只要用心,就能找到"深思"之处。《教育我们还能做什么》一书的引言这样说:"教育,我们至少还能在这样一些地方做一些力所能及的事情:一是需要做到但我们忽视的地方;二是可以做到但我们轻视的地方;三是应该做到但我们不敢正视的地方;四是已经做到但我们过度重视的地方;五是尚未做到但我们难以透视的地方。"

**四、教学反思与教学改进**

反思,是教学工作不可缺少的一个过程,是教师成长中的重要活动。反思,可以提高教学的自觉性和科学性;反思,可以培养教师的观察能力和思维能力;反思,可以使教师扬长避短,使教学不断完善。名师成长的过程,就是一个不断反思的过程。

教师的反思能力是其专业发展和自我成长的核心要素，更是名师素质的重要组成部分。教师要实现自我专业发展，就必须提升自我反思的能力，尤其是教学反思能力。

教学反思，可以从"得"与"失"入手。"得"的反思：我这样教可行吗？我在哪些关键环节处理得比较好？我的课堂的精彩之处在哪里？我的教学创新点是什么？……"失"的反思：我的教学在哪些环节上处理不当？对课堂的生成问题我有妙招吗？教学遗憾之处我该如何补救？我的课堂沉闷吗？……

教学反思，可以从"教"与"学"入手。"教"的反思：我的教学理念是什么？"花架子"的、"自圆其说"的，还是"本真"的？我的课堂是"诗意"课堂，还是"理性"课堂？我的教学是有效的、高效的，还是卓越的？……"学"的反思：我是让学生"学会"，还是让学生"会学"？我的课堂教学，是更多地让学生"回答问题"，还是更多地鼓励学生"提出问题"？学生是否可以当"小老师"，上点课或"教学片段"，出题考老师？……

教学反思，可以从"旧"与"新"入手。比如，面对"新媒体"教学，我们可以提出"十问"：一问"情感"归于何处；二问"变化"怎么应对；三问"他人"怎么为我用；四问"思维"空间安在；五问"想象"境界存否；六问"时间"该怎么分配；七问"实验"能否取代；八问"实践"如何进行；九问"文本"是否忽视；十问"主体"如何体现。

教学反思，可以从"道"与"术"入手。世间万物皆不出道术。道不正则术不明，术不明则道难行。以数学解题为例，数学之学，以兴趣为"桨"助思维远航。"道"是什么？解题之道，是战略，是规律，是合情，是方向……"术"是什么？解题之术，是方法，是技巧，是题型，是化归……

教学反思，可以从"广"与"深"入手。在一次数学学术会议上，张奠宙教授说："要把数学教学做得'大气'一些——有文化。"我从数学教学的

"广"反思，联想到其他"气"："才气"一些——有智慧，"朝气"一些——有活力，"秀气"一些——有美感，"和气"一些——有互动，"灵气"一些——有方法，"喜气"一些——有趣味，并写了《期盼数学教学"气"象万千》投给《数学通报》发表。"糖水不等式"，课本上给出两种不同的解法，我从数学解题的"深"反思中，得到了13种不同的解法；再继续"深度反思"，最后得到25种不同的解法。就这道题，我给高中生讲个半天，学生在震惊中，品悟到了数学的博大精深。

教学反思，可以从"大"与"小"入手。"大"的反思，就是宏观方面的反思，比如我们用心读东缨老师的《教育大境界》《教育大乾坤》《教育大求索》后，一定会有许多教育教学方面的反思。又如刘铁芳老师在《什么是好的教育》中对"好的教学"的反思："我们不是面对教案而来，不是面对考试来讲；我们是面对活生生的学生而教，是为了学生学习而教。好的教学乃是让学生学，并从中获得美好事物的经历。""小"的反思，就是微观方面的反思，比如教学模式、教学设计、教学方法、课堂评价、课堂教学等方面的"微创新"，都值得老师们研究。

## 第四节　行动：为思维而教

要培养"思考着"的学生，就要有一大批"思考着"的教师。"思考着"的教师，是有良好思维品质的教师，是能创造课堂思维文化的教师，是让课堂成为思维乐园的教师。教师在"教思维"的过程中，也让自己灵性生长了。

### 一、教师应当有良好的思维品质

师者谨记：有了善于思考的老师，才能有善于思考的学生；只有具备良好思维品质的教师，才能更好地培养出具有良好思维品质的学生。教师的思维品质，直接或间接地影响着学生的思维发展。从某种角度说，课堂教学质量取决于教师思维品质。

对于思维品质的种类，学术界有各种不同观点。为了便于叙述，本文仍采用人们经常提到的思维品质的深刻性、灵活性、敏捷性、广阔性、独创性、严谨性、批判性等来分析。

思维的深刻性，指思维活动的抽象程度和逻辑水平。善于抓住事物的规律和本质、善于运用求同思维和分析思维，是思维深刻性的主要特征。

思维的灵活性，指思维活动的灵活程度。善于运用辩证思维，对具体问题做具体分析，是思维灵活性的重要特征。

思维的敏捷性，指思维活动的反应速度和熟练程度。善于运用直觉思维、善于把问题转换化归、善于使用数学模式等，都是思维敏捷性的重要表现。

思维的广阔性，指思维活动作用范围的广泛和全面程度。善于运用各种形式的发散思维来思考问题，是思维广阔性的一种主要特征。

思维的独创性，指思维活动的创新程度。解决问题时的方式方法新颖、独特、别出心裁，思维活跃、多谋善变等是其主要特征。

思维的严谨性，指思考问题时符合逻辑，严密、准确，数学运算精确无误。准确运用数学概念、严格进行指导、全面考虑各种可能情况，是思维严谨性的主要特征。

思维的批判性，指思维活动中独立分析和批判的程度。善于独立思考，善于提出疑问，能够及时发现错误、纠正错误，自觉调控思维进程，自我评价解题思路，是思维批判性的主要特征。

教师可以对照上述"七性"和"主要特征"，通过各种方式，积极修炼、完善和提升自己的思维品质。

## 二、核心素养最应该聚焦的是思维素养

蒲公英评论特约评论员宫振胜认为，核心素养最应该聚焦的是思维素养。古今中外，不少思想大家都强调思维的重要性。如叔本华认为，尽管有时候我们可以在一本书里轻而易举地找到自己几经艰辛、缓慢地思考和组合才得以发现的某一见解或某一真理，但是，经过自己的思维所获得的见解或真理却是无价的。帕斯卡尔认为，人类只是会思维的芦苇，因为懂得思考，人类才成了万物之中的灵长。

正是认识到思维的重要性，不少学者把思维培养放到了教育的核心地位。如钱学森提出："教育最终的机理在于思维过程的训练。"迈克尔·桑德尔提出："学习的本质，不在于记住哪些知识，而在于它触发了你的思考。"杜威在其名著《我们如何思维》一书中写道："智育的全部和唯一目的就是要养成细心、警觉和透彻的思维习惯。"

《中国学生核心素养》发布后引发学术界思考一个问题：核心素养的核心是什么？林崇德教授在演讲"从核心素养到学生智能的培养"中提到："教学的着重点在于发展学生的智能（智力与能力的总称），而思维是智能的核心。"

林崇德教授在另一个论坛上明确指出:"在核心素养的文化基础方面有两个问题,一个是人文底蕴,一个是科学精神。人文底蕴与科学精神是核心素养中的两大素养。它的关键是思维教学。"

关于"核心素养"的文件发布后,国家又发布了关于"学科核心素养"的文件。"学科核心素养",除了关注"学科思想"外,还有一个共同的指向——关注"思维方式"。老师们可以具体去对照一下。

教育部发文指出,新一轮的课程改革,必将围绕中国学生发展核心素养和学科核心素养的落实展开,各学科教学在传授知识的过程中,需更加关注学科思想、思维方式等,克服"重教书轻育人"的倾向。

这就从学科教育角度表明:思维素养是各个学科的核心素养之一。

### 三、教师理应"教思维"

郅庭瑾认为,当今教育最为深刻的危机之一,就在于知识占据了至关重要的地位,培养和塑造"知识人"成了根深蒂固的教育理念。唯有被用来开启心智、被用来解决实践问题的时候,知识才真正找到了通向美德的通途,才能够转化为人生智慧的力量。作者呼唤:"让教育成为充满智慧的活动,教师要为思维而教。"教会学生思维,是教育的使命。

"思想"作为人类的特质,未来会将我们带向何方?被霍金誉为"会讲故事的物理学家"的伦纳德·蒙洛迪诺,从"求知欲"的独特视角,在《思维简史》一书中,为我们展示了一部跨越数百万年的人类进化史。他历数了科学发展过程中的关键时期和关键事件,揭示了这一切背后的发展动力——那就是人类的求知欲和好奇心。结语中特别强调批判性思维和创新思维的重要性。

陈立群老师提出的"鱼·渔·喻:教学的三重境界"是这样说的:授之以鱼——三流教师教知识,授之以渔——二流教师教方法,授之以喻——一流教师教思想。

做一流教师吧！"思考着"的一流教师，理应"教思维"，理应"带着思维走向学生"、理应"带着学生走向思维"。

下面我们通过一个数学解题的例子，论证"教师理应'教思维'"的观点。

已知：$x$，$y$，$z$ 是互不相等的实数，且
$x+\dfrac{1}{y}=y+\dfrac{1}{z}=z+\dfrac{1}{x}$，
求证：$x^2y^2z^2=1$。

若老师只教解题技巧，就题论题，真正的思维没有发生，就无法达到"解一题，悟一类，会百题"之效。

数学解题中的最基本思维之一是"以退求进"。如果学生没有"退"的思维，等式两边同时都乘以 $xyz$，那么解题就进入"死胡同"了，难以成功。而"退"的思维，一是把三个等式"分离"开来，先考虑一个等式；二是去分母有"三元"，"退"成一个等式，去分母就只有"二元"了。所以只要在这个等式两边同时乘以 $xy$，问题就容易破解了。

证明：

由 $x+\dfrac{1}{y}=y+\dfrac{1}{z}$

得 $xyz+z=y^2z+y$

即 $xyz-y^2z=y-z$

即 $yz(x-y)=y-z$，（1）

同理，$zx(y-z)=z-x$，（2）

$xy(z-x)=x-y$。（3）

将（1）（2）（3）相乘，即得

$x^2y^2z^2=1$。

这道题可以成为中考题，也可以成为高考题。

思维对了，初中生 5 分钟能做出来；思维错了，高三学生 15 分钟都做不出来。

不信！数学教师给高三学生做此题，给 15 分钟，看看几个人做出来了。

## 四、让课堂成为思维的乐园

有人认为，从某种意义上说，教育就是教人去思维。我觉得这句话很有道理。"授人以鱼，不如授人以渔。"换句话说，习得知识固然重要，而习得思维方法更加重要。

思维导学倡导者房超平在《思维第一——全面提升学习力》一书的导论中这样说："如果每一所学校都能开展思维导学的课堂改革，让学生对学习充满兴趣、让学生成为自己学习的主人，课堂就会焕发新的活力、学生的思维就会在快乐中升华。"

程红兵校长认为，基础课程实施校本化重构是当下课改学校的首要命题。重构的意义就在适应本校学生的需求，强化课程的针对性和实效性，也体现所谓的学校特色、学校个性。但重构课程一定要跳出形式化的藩篱，不能就形式变形式。尤其是课堂变革一定要实现内涵的变革、思维的变革。他强调，更高层次的课堂重建，要有思维的含量、智慧的含量和文化的含量。

为思维而教，让课堂成为思维的乐园。

## 五、"为思维而教"促进教师灵性生长

教师若有"为思维而教"的理念，就意味着他自己要会"思维"，就意味着他自己还要会"教思维"，还意味着他自己有追求智慧的情愫——因为思维是智力的核心因素。

"教学相长"告诉我们，教与学互相增长、相互促进；教师通过教授、学习，不但能使学生得到进步，教师本身的能力也可借此提高。

以我为例。基于"为思维而教"的理念，我提出了数学"玩育"——数学的玩的教育；进而提出"品玩数学"的教学主张。一路走来，我自己也算"灵性生长"，虽然退休多年，但我现在依然活跃在数学学术讲坛，还可以给幼儿园到高三的学生上数学课、玩数学益智游戏。

接下来请看看我的"持续探索"。

数学"玩育"的境界，体现在不同层面的玩、不同对象的玩、不同深度的玩。只要能玩出数学的"趣、理、情"、玩出数学的"真、善、美"、玩出数学的"文、史、用"，就是有境界之玩。

我的教学主张——品玩数学，就是基于数学"玩育"理念下的一种教育探索。

我多次说到，我的"品玩数学"主张，不是一次就成形的。初为人师时，我就是和学生玩趣题玩游戏，算是初识"好玩"；后来所教学生数学成绩"不漂亮"，我意识到仅仅"好玩"是不够的，还要"玩好"——动手更要动脑；"玩好"是有层次的，"玩"到深处、"玩"到高处，就可谓"玩转"了；跳出数学"玩"数学，玩出文化、玩出素养，也就有"玩味"之韵了。

品玩数学 = 好玩 × 玩好 × 玩转 × 玩味，之所以用"乘号"，是因为好玩、玩好、玩转、玩味之间是相辅相成、水乳交融的。当然，我们可以先从"递进"关系的"好玩→玩好→玩转→玩味"做起，再从"→"走向"×"。

好玩是"引趣"。烧脑游戏，激发兴趣。数学好玩，就是让学生感受到数学是十分有趣的——这就是数学教学中的"引趣"。"好玩"多融入情感，可以设法将一个很深层的数学问题浅层次、趣味化地呈现，目的就是"让学生爱上数学"。

玩好是"引深"。趣中领悟，透视问题。玩好数学，就是让学生在感受到数学十分好玩的基础上，带着数学思维而玩。"玩好"多融入智慧，"玩好"可以将一个很浅显的问题进行深层次、一般化的探索，目的就是"让学生像数学家那样思维"。

玩转是"类化"。玩个游戏，洞见一类。玩转数学，就是从玩一个数学游戏到玩出一个数学的"新天地"。数学，是研究数与形的科学。涉及"数"的问题，我们可以从 1，2，3 探索到 $n$ 的问题；涉及"形"的问题，我们可以从正方形、长方形、圆探索到一般曲线的问题。我们在对"数"与"形"的探索中,追求数学问题的"诗和远方"。

  玩味是"融化"。研题之史,品题之源。玩味数学,就是从玩某个数学游戏,走进涉及这个游戏的背景、历史和文化。我们玩的游戏,可能是某个数学家曾经玩过的游戏,可能有一段精彩的数学故事,可能是数学的某个创新或失误……我们一边玩着游戏,一边品味着"数学文化"的美妙境界。

  持续探索思维教育的过程,就是教师思考的过程,也是教师灵性生长的过程。

# 第五节　案例："子亲游戏"畅想曲

## 一、正向思维：亲子游戏

亲子互动，指父母和子女间的相互交往活动，具有血缘性、亲情性、长期性等特点。"亲子互动游戏"是每一个家长甜蜜的负担，需要体力、时间、心情与智慧。

透过游戏，孩子得以精熟技能、感知周遭世界、建立自我概念、发展人际关系。游戏是儿童的生命，儿童生活在游戏之中；游戏是儿童的权利，儿童在享受游戏中可以不断创造游戏；游戏是儿童的精神家园，是儿童自创的文化形态。

数学趣玩游戏可以作为亲子互动的一类游戏。

有些数学趣玩游戏，家长可以找现成的材料和孩子互动，不经意间的自然融入，效果极佳；有些数学趣味游戏需要"器具"，家长可以和孩子一起制作，这是很好的启智和互动。孩子体验器具，会在游戏中获得动手能力，慢慢地对器具有亲切感；有些器具不好制作，就需要购买或向学校借用。这些动手玩的器具，玩起来往往更具挑战性和趣味性，家长可能比孩子更爱玩。

## 二、逆向思维："子亲游戏"

我在和孩子们玩了一些游戏后，发现一种很有趣的情况，就是孩子们回家后和爸爸妈妈玩我教的游戏时，表现出更强的积极性和主动性。尤其是当游戏"放倒"爸爸妈妈，孩子们看到爸爸妈妈一脸茫然，并得到爸爸妈妈点赞时，就会异常兴奋，纷纷要求"再来我这里玩游戏"。我突然感觉这是"亲子游戏"的逆向形式，可称之为"子亲游戏"。我马上在百度和知网上查询，没发现有这种说法，那我提"子亲游戏"也算是"史上第一"了。

"子亲游戏"狭义上说就是孩子主动和父辈玩游戏，广义上说就是孩子和比他大的人（祖辈、父辈、大朋友等）玩游戏。

"子亲游戏"完全可以在幼儿园和小学广泛尝试。教师可以先教学生玩几个游戏，待学生会玩并深刻理解后，就请学生回家主动和长辈玩——尽量"守住秘密"；有可能的话，还可以"变着法子"和长辈玩。长期玩下去，学生一定会得到高层次的智力满足，砥砺自己，玩出"新境界"，玩出"数学脑"。

"子亲游戏"玩起来，算是我"深度反思"的一个生动案例。

注意实验室要有合理的器具摆放空间，有较好的环境布置，有教师演示的展台，有学生参与活动的平台等；学校还可以营创"益智墙壁文化"，把一些"一望可思"的器具或图片"上墙"，让"墙壁"刺激学生思考（如"叠立方体""排棋子"等）；走向"智慧校园"的学校，可以将一些益智器具进行"电子化"处理，开发网络电子游戏活动。这些开放空间，会让益智器具产生更大的效益。

## 三、"子亲游戏"课例

### 架"桥"

**游戏器具**：一个正方形木板，四个角上各有一个正方形桥墩；四根木条（宽约1cm，长度略小于正方形边上的两桥墩之距）。木条可放于正方形四边的凹槽里。

**游戏玩法**：不用任何工具，在正方形四个桥墩上，架设一座四通八达的桥。

**游戏目的**：培养学生的想象能力和创新思维能力，培养学生思维的广阔性。

**游戏解答**：把四根木条的一端放在桥墩上，另一端相互交叉。

实践情况表明，为了这"四通八达"，多数长辈绞尽脑汁，玩了很长时间仍不得解，一旦获解、茅塞顿开。

扑克游戏以其生动的形式"娱人"，以其无穷的巧趣"感人"，以其合情的推理"智人"。扑克游戏化枯燥于妙趣，变深奥于通俗，寓原理于游玩。扑克游戏寓学于乐，寓智于趣，寓思于妙。

## 黑红法寻牌

**游戏器具**：一副扑克牌。

**游戏玩法**：表演者每只手各执半数牌，牌背朝上，由左右观众抽牌。左边观众从左手抽去一张牌，右边观众从右手抽去一张牌，各自记住牌名。表演者为避免看见插牌情形，需转身背立，双手仍各分执牌放在身后，请左边观众把牌插入左手牌中，右边观众把牌插入右手牌中。然后表演者面向观众用分堆抽洗法洗牌，把牌收起，牌面朝向自己寻牌，就能把二人抽去的牌找出来。

**游戏目的**：让学生深刻体验"唯一性"，学会细微观察，充分感受数学的神奇。

**游戏解答：**

（1）把全副纸牌按照花色的黑色和红色，分成两部分。

（2）双手分开时，一手拿黑色牌，一手拿红色牌，把牌背面朝向观众，由观众抽牌。

（3）譬如左手所拿的牌是单数，让观众插入右手牌中；右手所拿的牌是双数，让观众插入左手牌中。

（4）表演者转身背立、伸手身后，恰好左手转向右方，右手转向左方；双手调换了方向，观众抽的牌就很自然地插入另一部分的牌中。

（5）因黑色牌中只有一张红色牌，红色牌中只有一张黑色牌，这样就很容易找出这两张牌来。

**游戏依据：**

本游戏的原理依据是："左右本质不同"。这样，我们就可以创造多种不同的"左右手牌"：桃心与梅方，有方向与无方向，质数与非质数，不小于7与小于7，除4的余数分类，"斐波那契数"与非"斐波那契数"……

一个扑克游戏，孩子玩出了什么？

玩出了惊喜：怎么这么神奇？玩出了兴趣：原来数学如此有趣！玩出了观察：找出那个另类的一张牌。玩出了想象：想象那转身后迷人的"神操作"。玩出了思维，思考怎么设计才能不让对方发现奥秘。玩出了分类，分出不同的"集合"类型，并能区分其不同。玩出了变式，触类旁通、举一反三。玩出了归纳，学会了总结和概括。玩出了数学，奇偶、余数、对称、质数、斐波那契数列等。玩出了……

老师或家长要如何配合？

要表现出惊喜之情——你怎么这么厉害！要表现出惊讶之状——你怎么就能找出来？要表现出不信之疑——还能再玩一次吗？要表现出自嘲之态——我一时还真的弄不明白！

孩子从老师或家长的眼神和赞叹中获得了什么？

获得了爱与信任，获得了欢乐与自信，也获得了学习数学的兴趣。

会玩扑克游戏的人，是很厉害的。他们有智慧地略施小计就能"放倒别人"；他们还想再研学新的游戏，不断给自己"赋能"。数学与扑克游戏密不可分，高层次的智力满足能让自信的阳光洒满心田。

# 第三章 研

记得有这样一个话题——中小学教师要不要进行教育科研？早年在学校里，一个很强势的观点是："中小学教师只要教好书就行了，没有必要，至少不要刻意进行教育科研。"

经过这些年的争锋、辨析、探索，教育界大致有了一些共识：一是教、学、研相结合，已成为课改背景下教师成长的新模式；二是科研兴校、以研促教，已成为一些学校和教师治校治教的策略；三是教师的研究是行动研究、教育叙事研究、课例研究，具有实践性、应用性、简易性、灵活性、群众性和发展性；四是研究是提升教师自我发展的极好途径，研究也是一种改进教学的有效手段；五是研究并不神秘，也并非高不可攀，每位教师都可以从"微研究"做起。

当"教而不研则浅，研而不教则空"成为教育流行语时，当"教师成为研究者"成为一本书的书名时，当"做第一等的研究"成为目录标题时，这些都是为教师研究正名的一种呼唤，都在期盼教师要有"研究味"。

苏霍姆林斯基曾说："如果你想让教育工作给教师带来乐趣，使每天上课不致成为一种枯燥而单调的义务和程序，那你就要引导每一个教师到从事科学的教育研究这条路上来。"

有专家直言:"教师只要在从事教育工作的同时,对教育进行研究,他就不会是一支燃烧之后便什么也没有的蜡烛,而会成为人类历史长河中永远闪光的一颗恒星。"

我的体会是,研究,逼我广学深思;研究,促我科学育人;研究,帮我转变观念;研究,助我创新实践;研究,练我顽强意志;研究,引我走向"明师"。

走向"明师"之路,也是走向"名师"之路。

名师,不仅要有"研"的追求,还要有"研"的能力。

# 第一节 理念：研究让教育更精彩

教师研究的意义，专家学者已从不同角度进行了探索。

徐世贵老师从"能给自己带来什么"角度指出："有研究才有效率，有研究才能成长，有研究才有风格，有研究才能突破，有研究才有快乐。"

傅东缨以"科研的伟力"论道："教育中的科研含金量决定教育的水准；教育科研将教育理智地送上了发展的快车道；将科研视为'靠山'是现代教育平台上的标志性'建筑'。"

陶行知曾说："教育为最有可为之事。古今名人莫不由研究而出。如达尔文、杜威、威尔诺刻等，皆由教育而出者也。但须有决心、有坚志，则成事何难？"

课改背景下，当"教师成为研究者"时，名师的研究能不"略高一筹"吗？不论是普通教师还是名师，大家都应当"以研促教"，因为研究让教育更精彩！研究，能让人提升精神的高度，保持思维的深度，拓展知识的广度，具备透视的远度，追求探索的精度，改变思考的角度，超越自我的气度。

## 一、研究：提升精神的高度

我一直想做一个这样的实验：研究 200 名教师，他们入职时，将他们划分为两组；100 名为"自然研究型"的教师，另 100 名是"自觉研究型"的教师。20 年后，再看着这 200 名教师的发展情况。

我没做成这个实验，但我猜测结果很可能是这样的：多数"自然研究型"的教师，可能成为经验之师，他们最后教学娴熟但缺乏新意、职业倦怠感渐生，甚至步入平庸；而多数"自觉研究型"的教师，常教常研、常研常新，能以一种良好的精神状态迎接每天的工作。

教育研究往往能提升教育工作者的精神高度，让教育工作者保持精神的充盈。

我们可以把教师们的教育事业看成一棵大树，对树来说，"根深才能叶茂"；对教师而言，"研究愈深则发展愈好"。

《中国教师报》向我约了一篇"教育家精神"方面的文章，实话实说，不容易写。但是我接受挑战，最终写成《教育家精神的"立人"之道》，发表后受到好评。研究"教育家精神"的过程，也是自我精神提升的过程。该文部分文字如下：

教育家精神，是应当积极保护的珍贵资源，是一座值得深度挖掘的"教育富矿"，是可以引领教师发展的宝贵财富。

教育家精神，富有感染力并具有影响力，是不可多得的一种教育力量。用好教育家精神的"立人"功用，我们责无旁贷。

"立人"就是立身、做人；就是扶持、造就人。"立人"就是"使人立"，也就是"教育家"研究学者孙孔懿先生在《教育家：意义与存在》一书中所言的："作为动词的'成人'之意是'成就他人'，即帮助他人成为完人，成为完善的他自己。"

教育家精神的"立人"之道，道在何处？

教育家的追梦情怀，给人责任感；教育家的人格魅力，给人亲和感；教育家的博学多才，给人钦佩感；教育家的成己成人，给人奋进感；教育家的德能并重，给人和谐感；教育家的育人智慧，给人精业感；教育家的师魂境界，给人神圣感；教育家的立德立功，给人成就感；教育家的立言立行，给人信赖感；教育家的教育主张，给人专业感。

## 二、研究：保持思维的深度

研究与思维密不可分，研之久则思必深。坚持研究，会让思维往往处在活跃状态中。

研究与学习是不尽相同的。学习更多的是获取知识，而研究则是建立在学习基础上的思考，是将理论的学习与实践的经验有机结合，也是研究者专业自信的基础。

研究型教师，不仅是有行动，更是有想法、有思维深度的人。

我从教至今，始终坚持研究数学教育问题。因此我对数学教育的现状和未来发展，一直看得很清。这种清，是一种"一览众山小"的清，是一种"横看成岭侧成峰"的清。

这些年虽然不在一线教学，但我依然活跃在数学教育领域，一直保持着一定的学术高度。我以数学教育为切入点，去了解基础教育的现状，去了解课程改革的最新进展。这对我分管教科院的工作有极大的帮助。

福建省数学学会每年暑期都要在厦门举办夏令营，每次都希望我能为夏令营学员讲点课。照理讲，我可以象征性地在开幕式上讲讲话、在闭幕式上颁颁奖，但我没那样做；而是接受挑战，分别为高中营员和初中营员各上一天的奥数课，还为教练员开设半天的"跃上奥数教育新台阶"的讲座。

中国教育学会教学研究分会到厦门开高考研讨会的时候，请我讲高考管理和高考数学问题，我也接受挑战，讲了"高考管理的理性探索和科学实践"和"数学高考纵横谈"这两个主题的内容。我之所以接受挑战，也是"逼"自己保持对这些领域研究和思维的深度。

我到教育局后，先后应邀到澳门、北京、重庆、江西、广东等地上数学课，应邀为厦门市城市学校、农村学校、中等职业学校的学生上课。一方面我通过上课保持自己的数学教学水平；另一方面我通过教学了解不同学校学生的学习情况，指导这些学校抓好教学质量。

我还应邀到福建师范大学、集美大学、福建教育学院、龙岩学院等高等院校的数学系，为师生开设"你能成为最好的数学教师""数学教师的优秀之道"等讲座。我退休后还应许多小学、幼儿园的邀请，和孩子们一起玩数学，让他们在玩好数学的过程中品味数学。

《福建中学数学》编辑部得知我在整理数学文集，便向我约稿，希望能先刊登部分文稿。这文集，不完全是文章的"结集"，我还要对每篇文章写"回顾"、写"凝思"、写"展望"。这也是一件有挑战的工作。我接受了挑战，连续攻关一段时间，交给编辑部24篇文章。编辑部先后用两年时间连载。

刊登第一篇文章时，编辑部写了如下的编者按：

> 数学特级教师任勇在数学教育领域里取得的成就早已为人瞩目，他曾在各级各类刊物上发表了400多篇数学教育论文、数学科普文章和数学解题心得。这些文稿将交由出版社分四卷结集，不日将与读者见面。
> 我刊荣幸地获得任勇老师同意，先期陆续摘登部分书稿，与广大读者共赏任勇老师由辉煌走向卓越的学术心路。

由于职业的要求，我养成了用数学眼光看生活的习惯，不想这一看，竟看出100多个有趣的数学问题。我把这些问题写成小品文，在《福建教师》上连载。后来中国人民大学出版社希望我整理成书，我也接受了挑战，集中一段时间写成了《精彩数学就在身边》一书。结果一发不可收，我感觉可以写300多个身边的妙趣数学故事。中国人民大学出版社说："你就继续写，我们就继续出。"

### 三、研究：拓展知识的广度

研究者时常会有这样的感觉，随着研究的深入，越来越发现自己知识储备不足，于是又继续学习；学习之后继续研究，研究之后又发现新的不足。就这样，从低水平的"不足"走向低水平的"足"，又从低水平的"足"走向高水平的"不足"，进而走向高水平的"足"。

这让我想起了"大圆与小圆"的典故：

> 古希腊哲学家芝诺的学生问他："老师，难道你也有不懂的地方吗？"芝诺风趣地打了一个比方："如果用小圆代表你学到的知识，用大圆代表我学到的知识，那么大圆的面积是多一点。但是，两圆之外的空白都是我们的无知面，圆越大，其圆周接触的无知面就越多。"

多么确切啊！这不正是"学海无涯"的写照吗？

我研究"学习科学"，才知道学习科学的研究是以哲学、心理学、生理学、教育学、脑科学、方法论、思维科学等有关理论为基础的。你不把这些基础打好，能深入研究学习科学吗？

就连学习科学中涉及的几个名称，初看大致相同，细研下去，才知不尽相同。

学法指导，指在各学习环节上的具体的学习指导。如课前预习法、课堂听课法、课后复习法、科学作业法、学习总结法等。

学习指导，指在学习环节、智力因素、非智力因素、学习管理等方面的学习指导。如智力因素方面的观察与学习、记忆与学习、想象与学习、思维与学习等；非智力方面的动机与学习、兴趣与学习、意志与学习、性格与学习、情感与学习等；学习管理方面的，如时间的管理、环境的管理、时机的管理等。

学习策略，指在学习情境中，学习者对学习任务的认识、对学习方法的调用和对学习过程的调控。换言之，它是为达到一定的学习目标而学会学习的规则、方法和技巧；它是一种在学习活动中思考问题的操作过程；它是认识或认知策略在学习中的一种表现形式。

学习教育，指致力于优化学生学习的外在条件和内在素养，使学生在学习中掌握客观规律并且发挥主观能动性，从而获得学习成功的教育。

学习教育与学法指导、学习指导的主要区别在于：一是学法指导和学习指导是一项教学任务，学习教育则是一种新的教育思想体系；二是学法指导和学习指导促进教学改革、促进新型教学模式的创立，学习教育则扩大到办学政策方面、促进新型办学模式的创立；三是学法指导和学习指导主要指导教师行为，学习教育则不仅注重教育者对学生学法以至整个学习的指导，而且还特别注重学生的自我教育、自我学习和自我指导。学习策略是介于学习指导和学习教育之间的一个概念。

## 四、研究：具备透视的远度

说到"教育科研"，请看东缨老师的一段精彩论述：

穿过风雨，你听到从遥远的前方依稀传来的召唤吗？

跨越时空，你的心神被那召唤之声感染、激动乃至惊奋了吗？

透视教坛，你的惊奋、焕发、前行融入这智慧之声了吗？

这来自远方、来自未来的召唤啊——

它不同于欢愉丝竹的轻灵，也不若催征号角的昂奋，还有异于天籁的静美；

它清醒而理智，坚定而笃诚，严密而扎实；

它刺破茫然如剑，矫正扭曲似绳，直面困惑若镜；

它的召唤，对冲动是警钟乍响，对迷途是北斗辉煌，对践行是判官审评；

它明示今日教育的良知，触摸明日教育的心脉，遥感未来教育的趋向；

这召唤究竟是什么，竟如此奇异、如此神秘、如此睿智？

原来，它是对教育高瞻远瞩的透析与呼吁——教育科研。

的确，教育科研，不仅让我们看得深，而且让我们看得远。

我对"新课改下的备课"进行研究,写了《新课改:课当如何备之?》这篇文章,有如下"十四备"的观点:

备好教材,心中有书;备好学生,心中有人;备好教法,心中有术;备好开头,引人入胜;备好结尾,引发探索;备好重点,有的放矢;备好难点,突破难点;备好作业,讲求实效;备好学案,渗透学法;备透理念,融会贯通;备多用寡,左右逢源;备之终身,养成习惯;备中研究,深层探索;备出意境,空谷传神。

在这里,我想展开一下"备好学案,渗透学法"这一观点:

在教学中,我们不仅要备好教案,还应备好学案,即设计好学生的学习方案,给学生以较为灵活的学习空间。尽量优化过程,调动学生的积极性,用他们较易接受的方式,如采用专题性、研究性、自主性的教学活动等,给学生以表现的机会,引领学生积极投入学习活动的实施过程,避免老师枯燥的讲解、大段的独白。否则,语文课只能成为教师无奈的独角戏——教师、学生都很累,收效却甚微。

从"教案"到"学案"的转变,是把学生学习放到了中心地位。教师把学习目标设计成学习方案交给学生,根据教学内容、学生现有知识、自学能力水平,制订出一整套学生学习的"方案";教学重心由教师如何"教"转变为学生如何"学",从根本上改变了学生的学习方式,突出了学生在课堂上的主体作用。备学案的实施将每节课需要完成的教学任务、需要解决的问题及解决策略都放到了中心地位。

首先要备好学案。学案是教师依据学生的认知水平、知识经验,为指导学生进行主动的知识建构而编制的学习方案。

其次是用好学案。教师要有学习指导意识并积极实施学案,学案使用要因课制宜、灵活使用。

有了上述"十四备"的框架，我脑中的一些迷雾就被拨开了：我知道新课改的备课之道在哪里，我会向那个方向努力。

## 五、研究：追求探索的精度

什么是"精业"？精业就是以一种精益求精的态度对待自己的工作，认真负责、高效且出色地做好自己的工作。

作为一名教育工作者，仅有敬业精神是不够的。敬业，更要精业，要以精业的态度对待工作，要做就做到最好。

怎样才能达到精业？

学习与研究，是一条通往精业的道路。

我在教育教学研究中，力求保持研究成果的多样化、"精深化"；我在学校管理的研究中，力求学校管理从粗放走向集约化、"精细化"；我在区域教育管理中，力求区域教育从广难杂变走向有序化、"精致化"。

例如我在研究"学习科学"时，曾对"中华民族学习思想"进行了深入的研究，希望保持对这一研究领域的研究"精度"，成为这一研究领域的专家。我在研究时曾写下这样两段话：

> 中华民族文化源远流长、博大精深，大量中华儿女的辉煌业绩被记载，充分体现出华夏先哲的无穷智慧和才能。在中华民族文化的宝库中，蕴藏着丰富的学习思想。祖国历史上的任何一项卓越成就，无一不是先人劳动创造的结晶，无一不是哲人、学者通过勤奋刻苦、严谨治学、积极进取获得的学习成果。祖国文化宝库中的学习思想，是人类文明的精神财富，至今仍有一定的现实意义。
>
> "观今宜鉴古，无古不成今。"古为今之始，今鉴古以用。今天我

们进行的教育改革，很重要的一个内容就是对学法进行改革。要提高千百万人的学习效率和学习能力，除了踏踏实实地进行学习科学研究实验、虚心学习和借鉴国外学习科学研究成果之外，还应认真研究中华民族悠久的学习思想，挖掘、整理中华民族学习思想中有价值的要素，从中攫取养料，并与现代化需要的外来学习思想结合，形成新的整体效应，建立具有中国特色的学习理论，推动学法改革的深入进行。

中华文化中的学习思想内容十分丰富，古贤先人总结的治学经验、学习原理和方法，对学法改革有着重要的指导意义。我以学习科学所研究的主要内容为线索，择其主要内容，研究了关于学习的哲学心理学基础（包括人贵论、形神论、性习论、学知论、差异论、思维观、发展观、知行观），关于学习的意义（包括学以致知、学以增智、学成性情、学以长德），关于学习的心理因素（包括智力因素——观察力、记忆力、想象力、思维力，非智力因素——志、趣、情、专、恒、虚、笃、勤），关于学习过程（包括立志阶段、博学阶段、审问阶段、慎思阶段、明辨阶段、时习阶段、笃行阶段），关于学习规律（包括德业相辅规律、知能相因规律、循序渐进规律、博约结合规律、学思相资规律、温故知新规律、教学相长规律、知行结合规律），关于学习原则（包括确立目标、循序渐进、学必量力、博约兼顾、学思结合、师友资益、藏息相辅、善于创新、学以致用、时间运筹），关于学习方法（包括计划方法、读书方法、思考方法、复习方法、笔记方法、自学方法）等。

如何把中华文化中的学习思想运用于今日的学法改革、贯彻于今日的学法指导是一项很有意义且比较艰巨的工作。经过初步探讨，我认为可以通过以下途径加以实施：一是编写介绍中华文化中的学习思想的书籍；二是把中华文化中的学习思想编入有关学法指导教材中；三是通过广播、电视、电影、报刊、网络的宣传；四是通过校园文化活动，弘扬中华民族学习思想；五是通过团、队、学生会、班集体等活动，弘扬中华民族学习思想；六是寓中华民族学习思想于各科教学之中。

### 六、研究：改变思考的角度

研究，让我们以全新的眼光审视教育问题、以独特的视角透视教育现象、以理性的探索践行教育工作。

想一想：我们对素质教育的思想观念究竟理解了多少？究竟做到了多少？在教育模式、学习方式正在发生根本变化的今天，我们在转变教育思想、更新教育观念方面应当如何去做？

新形式、新情况，带来了新任务、新问题，呼唤着新思路、新对策。我们更需要新的教育理念，引导我国教育改革的探索与实践。

新的教育思想，必然在教育教学改革的实践中产生；新的教育观念，应当在教育教学实践的探索之中，逐步完善与升华。

比如，我对"高等师范教育"进行研究，有如下"另类"见解：

### 高等师范教育创新之我见（摘录）

人类进入了 21 世纪，高等师范教育进入了新的时期。时代的发展给高等师范教育带来了不可多得的机遇，也带来了前所未有的挑战。综合性大学可以开设师范教育类专业了；师范教育走向教师教育了；新课程对教师提出全新的挑战，也对高等师范教育提出了全新的挑战；学生的创新精神和实践能力要加大力度培养了……因而有人提出了高等师范院校正面临着一个急需解决的、事关生存与发展的重大课题：高等师范院校是墨守成规、按部就班地沦为当代的"泰坦尼克号"？还是奋起改革，努力创建多功能的新世纪的"航空母舰"？

让我们先看看高等师范教育在干什么。（好的方面不说了，这里仅就不足之处展开论述。）

一、高等师范教育在干什么？

1.教育着非一流人才；2.传授着未能及时更新的知识；3.进行着传统落后的教法；4.培养着众多的"专才"学生。

也许，我们还能再谈下去。但这些足以说明，高等师范教育的改革与创新已刻不容缓了。

那么，高等师范教育该干什么？

二、高等师范教育该干什么？

该干的事太多，我们可以从"师"的角度来展开论述。

1.培养有师德的未来教师；2.培养有师能的未来教师；3.培养有师智的未来教师；4.培养有师魂的未来教师。

三、高等师范教育该怎么干？

1.两性和谐发展（两性：学术性和师范性）；2.建设新型队伍；3.整合教学内容；4.改革教学方法；5.加强实践活动；6.参与课题研究；7.充分利用教师资源；8.改变评价方法；9.授予学习策略；10.引导走向名师。

## 七、研究：超越自我的气度

教育名家的成长，是一个追求最优发展、精益求精、好上加好的发展过程。正如一句广告词所说："没有最好，只有更好。"最好是一时的标志，更好是永恒的目标。只有视今天为落后，不断地反思自己、充实自己、超越自己，追求卓越、追求更好的境界，才可能攀登一个又一个新的高峰、实现一个又一个新的发展目标，达到教育发展的精深化、精细化、精致化的境界。

靠什么不断超越自我？每个人的路不尽相同。我的路大部分源于"研究"。

我从初为人师的"师者"，不断研究教育教学问题并践行之，走向"研究者"；研究的成果多了，研究的水平高了，就成为"学者"。从"师者"到"学者"，就是一种超越。

我带了一届又一届的学生，教学成绩优异，成为"经师"——经验之师。

我在研究状态下改进教育教学，成为研究型的教师，也就逐步走向"名师"。从"经师"到"名师"，也是一种超越。

1984年我发表第一篇论文受到鼓励之后，我就研究不断、写作不停，论文发表的热情一发不可收。我先是发表数学解题方面的论文，接着发表数学教育教学方面的论文，之后又发表学习科学方面的论文，再接着发表教育管理方面的论文。从"学科研究"到跳出"学科研究"，也是一种超越。

就数学教育教学著作而言，我先是写教辅类的《高中数学辅导·训练·检测》等书，之后写《九年义务教育初级中学数学课外读物》，接着写《中学数学学习法》。从写"教辅书"到写"学法书"，就是一种超越。

再看看我的数学教育教学著作的写作轨迹：《中学数学解题百技巧》（福建少年儿童出版社）→《任勇中学数学教学艺术与研究》（山东教育出版社）→《学生实用数学高考必备》（中国青年出版社）→《你能学好高中数学》（人民日报出版社）→《高考倒计时》（人民日报出版社）→《数学学习指导与教学艺术》（人民教育出版社）→《高中新课程数学学习法》（鹭江出版社）→《你能成为最好的数学教师》（华东师范大学出版社）→《精彩数学就在身边》（中国人民大学出版社）→《玩出来的数学思维：任勇品玩数学108例》（开明出版社）。看看书名变化和出版社的数量，就知道我在一步步超越自我。

前些年我整理和修改"任勇数学教育文集四部曲"——《追求数学教育的真谛》《探索数学教学的艺术》《透视数学解题的奥秘》《感受数学文化的意蕴》，也就是把自己这些年来发表的400余篇数学教育教学方面的论文进行整理；但又不是论文的"堆砌"，每篇论文还得写上"回顾""凝思"和"展望"之类的文字，说说这篇论文的"昨天""今天"和"明天"。也算是一种超越吧。

我除了写数学教育教学方面的著作，还挑战自我，写了《为发展而教育》，探索厦门一中办学理念等问题；写了《师者回眸》，讲自己的育人生涯；写了《走向卓越：为什么不？》，系教师成长类书籍；还有前段时间写的《好学校之境》，论述好学校是有境界的。这些算不算超越？

## 第二节　范围：学科之研，教学之研，教育之研

中小学教师基本上是学科教师。学科教师就要研究自己所教的这门学科；课堂教学是教师的主阵地，教学是一门科学也是一门艺术，课程改革聚焦课堂，教师自然要研究教学。作为教育者的教师，理应以真教育的视角审视教育现象，研究有生命情怀的教育，研究有理性思辨的教育，研究有诗意追求的教育。

我是数学教师，下面的论述，可能会涉及更多的数学学科内容；但其他学科的教师，可以类比到自己所教的学科。就学科、教学、教育研究，我会说一些他人的研究和我的研究，供读者借鉴参考。

### 一、学科之研

教什么学科，你就要研究这门学科。别小看中小学的某一学科，一"研"下去，就有太多的可"研"之题。"研"的境界是高于"思"的。学科的学问深得很。我们可以研究学科解题、学科文化、学科历史、学科名家、学科趣题、学科竞赛、学科美学、学科应用等等。

#### 1. 学科解题研究

学科学习，离不开解题。用什么样的观点去对待学科解题，并采用什么样的方法和技巧去解决学科问题，这对于一个学科教师来说是十分重要的。

解题是可以研究的。我早年就是读着《怎样解题：数学思维的新方法》（波利亚著）学习解题的，后来又从数学杂志里读到很多关于解题研究的文章。我也开始研究数学解题。1983年5月1日我发表于《中学数学报》（湖北省数

学会主办）的报纸处女作《二元一次方程组的一种"列表解法"》，就是数学解题的研究。

我写的《中学数学解题百技巧》一书的前言中说道："解题需要一定的方法，解题没有固定的方法；大法必须熟练掌握，小法必须灵活运用。"这段话，后来被一些数学老师浓缩成"解需有法，解无定法；大法必依，小法必活"。

新教师的学科研究，可以先从学科解题研究开始。

除了学科杂志有不少解题文章外，还有许多学科专著研究解题的。我读过罗增儒老师的《数学解题学引论》和《中学数学解题的理论与实践》，读过单墫老师的《解题研究》，等等。这些杂志文章和著作，给予了我不少学科解题研究的灵感与方向。

我们可以从沈文选老师的《数学解题引论》一书的目录中，悟出解题研究的方向：

第一章：数学解题意义；第二章：数学解题研究观点；第三章：数学解题过程；第四章：数学解题策略；第五章：数学解题方法；第六章：数学解题思路；第七章：几类特殊题型及求解；第八章：数学错题校正及数学题错解辨析。

**2. 学科文化研究**

学科文化研究，近些年逐渐成为热点。有的学科文化，被写进了"课标"，被写进了"考纲"。学科与文化的结合，是学科研究的新领域，是课程改革的新趋势，是课堂激活的新探索。

一研究起"文化"，就觉得自己有点"没文化"了。以文化的视角来看学科，教师就会有一种"一览众山小"的感觉；再研究下去，就是提升教师文化素养的过程。

我对"数学文化"进行了一段时间的研究之后，给数学教师做过"感悟数学文化"的讲座，以"什么是文化""什么是数学""什么是数学文化"开篇，继而论说"数学文化的特征、价值和构成"，再探索"数学文化的外延""数学文化与课程改革""数学文化的教学实施"。

数学文化是什么？是数学之趣，是数学之史，是数学之美，是数学之思，是数学之用，是数学之奇，是数学之语，是数学之探……

数学的文化价值体现在：数学是打开科学大门的钥匙；数学是科学的语言；数学是思维的工具；数学提供一些思想方法；数学充满理性精神；数学与艺术有密切的关联……

顾沛老师在《数学文化》一书中重点讨论了"若干数学问题中的数学文化，若干数学典故中的数学文化，若干数学观点中的数学文化"，以简驭繁。

齐龙新老师在《高考中的数学文化》一书中，从"以数化人"与"人数学化"两个角度来谈数学文化，论述了数学文化在数学历史、数学精神、数学应用、数学之美、数学语言、交汇拓展、数学游戏等方面的呈现。

张齐华老师的《审视课堂：张齐华与小学数学文化》一书，则以文化为视角，尝试构建具有文化意蕴的数学课堂，并辅以平民化、多维度的课堂解读；致力于实践层面还原数学的本来面目、演绎数学的文化魅力、展现数学的意趣与价值。

学科文化研究，还有很大的"研究空间"。

### 3. 学科历史研究

"以史为镜，可以知兴替。"每个学科都有自己的"历史"，以史为鉴，古为今用。学科的"历史"即学科史，让我们了解学科的缘起、发展与进步，让我们建立对学科的文化认同，让我们反思学科过去的错误，让我们预测学科发展的未来。

近年"简史"类的书陆续出版，好评众多。比如《时间简史》《未来简史》《人类简史》《世界简史》《宇宙简史》《数学简史》等。老师们可以搜一搜，有没有你所教学科的简史。如果没有"简史"的话，也没关系，一定会有你所教学科的"学科史"。

美国数学家弗洛里安·卡约里著有《数学史》一书。这本书按照时间顺序，对数学学科历史上的各类事件进行了非常全面而翔实的描述，教师就可以从中探寻感兴趣的研究领域。

汪晓勤老师在《数学史与数学教育》一书中指出，数学史与数学教育之间的关系是数学教育的一个研究领域，研究的课题包括关于"为何"和"如何"的探讨、教育取向的数学史、历史相似性、数学史融入数学教学的实践、数学史与教师专业发展、数学史融入数学教材等。

**4. 学科名家研究**

语文有语文学科的大师，数学有数学学科的大师，每个学科都有学科名家大师。就学科教师而言，我们所说的"名家"，一类是"学科名家"，我们要学习他们的专业精神；一类是"学科教育名家"，我们要学习他们的教育情怀。有的"名家"两者兼有，我们不仅要学习他们的专业精神，更要学习他们的教育情怀。

研究大师，研读大师，发展自己。

著名数学家阿贝尔曾说："在我看来，一个人如果要在数学上有所进步，就必须向大师学习。"我们学习大师，自己就会有所进步，还能以大师的"榜样的力量"砥砺学生进步，因为榜样的力量是无穷的。学习大师，可以从研究大师做起；只有研究大师，才能更深刻地认识大师。

研究大师，可以从大师传记入手。研究一个具体的大师，如《20世纪中国教育家画传》（全7册）——陶行知、梁漱溟、王国维、张伯苓、晏阳初、徐特立、叶企孙的人物传记书籍；可以从某类伟大"事件"中研究大师，如《数坛英豪》《数学那些事：伟大的问题与非凡的人》；可以研究特殊的大师，如《女数学家传奇》《数学大师的创造与失误》；可以研究名人轶事，如《数学家的艺术生活》；等等。

研究名家大师，我们会发现他们有着共同的可贵精神：事业上，志坚如磐、如疯如魔、锲而不舍；治学上，勤奋刻苦、严谨认真、孜孜不倦；品格上，或愤世嫉俗、刚正不阿，或谦卑自牧、虚怀若谷，或慧眼独具、诲人不倦，或攻苦食淡、智圆行方，或淡泊明志、独善其身……他们是一面面"人镜"，可以帮助我们鉴别是非曲直、砥砺我们坚持学高为师的志向、激发我们行为世范的豪情，给我们从教之道上的谋略性的启迪。

5. 学科趣题研究

每个学科都有本学科的趣味问题，比如趣味物理、趣味英语等。这些趣题一定是学生非常喜爱的问题。实话实说，当下教师对学科趣题研究得不够，在教学中的"引趣"更不够。有些教师有短视的一面——觉得"趣题"是雕虫小技，也有无奈的一面——应试的背景下的"刷题"之风。

数学家马丁·加德纳有句名言："唤醒学生的最好办法是向他们提供有吸引力的数学游戏、智力题、魔术、笑话、悖论、打油诗或那些呆板的教师认为无意义而避开的其他东西。"趣题，一定会让学生爱上数学，进而学好数学。

数学趣题研究，题材广泛。下到初等算数、代数，上至现代泛函分析、拓扑学等尖端分支，处处都有数学趣题的踪迹。而且在趣味数学与严肃数学之间，并不存在一道泾渭分明的鸿沟。世界上的不少数学名家，同时又是趣味数学大师，他们从小因为玩着趣味数学而迷恋上数学，最终才成为数学大师。

数学趣题，可以按问题涉及的内容分类，如数字奇趣、趣味算数和代数、趣味集合和拓扑、趣味组合数学和图论、趣味概率和运筹、趣味逻辑和悖论、游戏和智力玩具；可以按某种类型分类，如算数类、几何类、组合类、概率类、数独类、巧填智解类、拼割类、逻辑推理类、创造类、观察类、想象类、脑筋急转弯类、创意类、智能类。《名人·趣题·妙解》一书，则按"名人"分出100类。

6. 学科竞赛研究

从广义的角度说，每个学科都有它的"竞赛"：奥林匹克系列的竞赛，科技创新发明系列的竞赛，艺术体育系列的竞赛，文学文化系列的竞赛，外语系列的竞赛，其他系列的竞赛。

学科竞赛，总体来说是这个学科的"高档菜"，是学科教师专业提升的一个很好的空间。学生参加竞赛活动，可以拓展知识面、熟悉技能技巧、强化思维能力、培养实验能力和探索精神、磨炼意志等。学生如此，教师亦然。

我曾经是厦门数学奥林匹克学校的校长，长期从事数学竞赛的研究和教学。我经常和学生这样说："经历过奥林匹克竞赛的人是不一样的，我愿意和更多的人一同经历。"套用这句话，我们是否可以这样说："研究过学科竞赛的老师是不一样的！"

关于学科竞赛的研究，我们有许多书可以读，单墫所著的《数学竞赛研究教程》就是其中的一本。从书中我们可以了解到单墫老师是怎么研究的。这里我想给出该书编辑的推荐语：

那个说"我想试试"的小孩，他将登上山顶；那个说"我不成"的小孩，在山下停步不前。"我想试试"每天办成很多事，"我不成"就真一事无成。

因此，你务必说"我想试试"，将"我不成"弃于尘埃。

学习就如同登山，想成为"竞赛研究高手"，试试从"单墫竞赛研究之书"开始！

### 7. 学科美学研究

学科美学是近年来研究的一个热点，涉及学科美学的书籍一本一本地出版，就是证明。

《数学之美》将引领你进入博大精深的数学大海，寻找美丽的数学贝壳，发现数学之美，让数学成为知识的宝库和攀登思维高度的阶梯；《写给孩子的数学之美》将带你展现数学的思维之美、逻辑之美、直观之美、创造之美，培养孩子的数学思维、数感、图感、直觉，激发数学学习的感知力、观察力、思考力、创造力和自驱力。

数学之美，美不胜收。维纳说："数学实质上是艺术的一种。"数学中充满着美的因素，我们运用审美法则去审视数学，在一定程度上可以帮助我们提高解题和研究问题的能力。

引导学生去发现数学之美，会让学生感到数学学习是十分有趣的，是一种需要，一种享受；而不觉得数学是一种负担，一种苦役。

我对"数学之美"曾写过如下文字：数学之美，美在对称、和谐；数学之美，美在简单、明快；数学之美，美在雅致、统一；数学之美，美在变化、奇特。

### 8.学科应用研究

从某个角度说，所有学科都有"广泛的应用"。我们完全可以出版一套"学科应用丛书"，或出版《生活中的××》系列书籍，"××"就是某门学科，如《生活中的化学》。

马克思曾说："一种科学只有成功运用数学时，才能达到真正完善的地步。"我国著名数学家华罗庚也曾指出："宇宙之大，粒子之微，火箭之速，化工之巧，地球之变，生物之谜，日用之繁，无处不用数学。"

这就是数学之用。

陈玮骏所著的《化学超有趣》告诉我们，对学生来说，不管中考还是高考，化学总是很重要。选化学学科，跟选物理学科一样，是终身受用的正确之选。整个世界都是由化学元素组建的，谁能挣得脱？对每个人来说，生活总也离不开配料表、净化器、家居新产品……化学学习无处不在。

这就是化学之用。

阿瑟·格蒂斯等所著的《地理学与生活》的开篇是这样说的："相对于其他地理学书籍，本书特别突出了地理学与生活的相关性。对人体有害的天气现象、城市土地利用模式、城市垃圾与危险废物的处理等，与我们生活密切相关的问题均有涉及。"

这就是地理之用。

张楠在《生物学原来这么有趣》一书中运用穿越时空的手法，邀请多位生物学大师逐一走进课堂，讨论与现代社会生活密切相关的18个生物学话题，教大家快速掌握认识世界的生物学常识！

这就是生物之用。

……

学科教师既要研究学科之用，更要传播学科之用，让学生在"用"学科知识中体悟学科精髓，并学会用学科专业眼光看生活。这样看生活一定更有趣！

**二、教学之研**

教师的教学研究有两大类：一类是学科教学，就是研究你所教学科的教材、教法、教学艺术、教学创新等。"教学"既包括教师的"教"也包括学生的"学"，所以教学之研理应研究学生的"学"。另一类是广义的教学，就是超越学科的教学研究，研究成果适用于各个学科。不论哪一类的教学研究，都是以"研究"的力量推动教学之车驶入良性发展之轨。

1. 学科的教学研究

打开一本学科教学杂志，翻看目录，我们就知道学科教学可研究的领域很广，如果将某一专题持续研究下去就会发现这里也藏着很深的学问。这里主要简单介绍我在教学设计、实施、风格、创新以及学生学习和作业考试方面的研究。广大教师可以在此基础上进行更广泛的研究。

教学设计研究。无论是面对未来教育的不确定性、教育信息化的新浪潮，还是课程改革的深入、学生学习方式的变化和指向核心素养的教育教学，都应聚焦于课堂、变革于课堂、突围于课堂。课堂永远是教育改革与发展的"前沿阵地"。要达成"步入新境"的课堂教学，有两个关键要素，一是教学设计，二是实施能力。理想的教学设计，至少要做到既要"依标尊本"，又要"融入理念"；既要"总体谋划"，又要"精心备课"；既要"继承传统"，又要"创新实践"。

教学实施研究。教师的教学设计及实施能力，决定了课堂教学的高度。教学实施，在我看来，一方面，教师要在课堂中科学、合理、有效地完成教学设计；另一方面，教师要根据课堂教学展开想要创设的情景，创新地实施教学。教学设计是教师课前对教学活动的规划、假设和安排，忠实地实施计划体现了对"文本"的尊重，创新地实施体现了对"人本"的尊重。两者缺一不可。

教学风格研究。教学风格是一切教学艺术家刻意追求的最高境界，是教师教学思想的直接体现，是教师教学上创造性活动的结果及其表现，是教师在教学艺术上走向成熟的重要标志。研究表明，独特性、多样性、稳定性、发展性是教学风格的基本特点。只有让教师真正把握住教学风格的特点，教学风格才会成为每个教师在教学实践道路上的自觉追求。

教学创新研究。名师的创新，是建立在继承基础上的创新，是建立在实践基础上的创新。教师的成长必须伴随着创新。唯有这样，教师才能不断适应时代发展的新要求，才能不甘平庸、追求卓越，才能在平凡的岗位上干出不平凡的业绩。新课程带来许多关键词——课程内容结构化、项目化学习、大单元教学等，这就是"创新空间"。"教育恒久远，创新每一天。"教师只有常怀一颗创新的心，才能在教育教学过程中，时时创新，事事创新。

学生学习研究。教师多研究教师的"教"，相对少研究学生的"学"，其实对学生的"学"的研究是非常重要的。比如，如何指导学生从"学会"走向"会学"，进而从"会学"走向"慧学"，再从"慧学"走向"深度学习"？如何指导学生"因教施学"——因教师（或教学）的变化而实施合理而有策略的学习？如何优化学生的思维方式，让学生灵性生长？

作业考试研究。作业考试研究，一直是教育界关注的问题，因为"考试"

就在那。作业设计怎么研究？大家可以读一下常生龙老师的《作业设计的30个原则》；假期作业可否创新，大家可以读一下我的《期盼寒假作业多样化》一文，应该会有许多启发。素养导向下的小学试卷怎么出？中考、高考呢？"多思少算""增加阅读量""从'解题'到'解决问题'"，怎么命题？复习迎考有妙招吗？临场考试有策略吗？

### 2. 广义的教学研究

广义的教学研究，我界定为教师"跳出"学科的教学研究。比如课程理解的研究、理想课堂的研究、教学方式的研究、教学艺术的研究、卓越教学的研究、线上教学的研究等等。

课程理解研究。绝大多数一线教师对课程的理解是有误区的，这与学校教育评价、理念传播、课程文化、教学管理等有关，也与教师的教学观念、知识积累、能力水平、文化素养等有关。教师的课程观，对学校教育发展、对学生全面而有特色的生长、对教师自身成长都是有益处的。我的观点是：教师要有"全课程""主课程""新课程""我课程"的课程理解。

理想课堂研究。有人说，课堂是师生互动、心灵对话的时空，课堂是师生唤醒各自潜能的时空，课堂是师生共同创造奇迹的时空。有人说，理想课堂是守望幸福、灌注生命、善解人意、与美相遇、春暖花开、凝视梦想、酝酿牵挂、释放心灵、点燃激情、静待花开、智慧碰撞的地方。我想说，理想课堂是让课堂步入"诗意"的课堂：灵性——诗意之魂，有趣——诗意之基，优美——诗意之境，有用——诗意之需，惊喜——诗意之法。

教学方式研究。课改的重点之一是改变教师的教学方式，这就为我们创造了许多新的选题。比如新教学方式不提倡"单打一"，提倡"为主导"，于是就有了以探究为主导、以合作为主导、以自主为主导、以对话为主导、以体验为主导、以生成为主导、以问题为主导等的教学方式。比如我们实施"体验教学"，新教学方式不提倡所有的教学都以"体验"进行，而提倡"体验为主导"，吸纳探究、自主、合作、对话、生成问题等教学方式；"体验"像一条灵动的主线，串起其他教学方式。又如张荣伟老师对"教与学"辩证思探，他认为应"少教多学"，这是批判"多教少学"的有效教学理念；应"先学后教"，这是突破"先教后学"的课堂教学模式；应"以学定教"，这是反驳"以教定学"的教学活动逻辑；应"教学合一"，这是针对"教学分离"的教学协同意识；应"教学相长"，这是超越"教学互损"的教师职业境界。

教学艺术研究。李如密教授认为，教学艺术对教师来说，就是"教得巧妙、教得有效、教出美感、教出特点"，是师生的"思维共振、情感共鸣、活动默契"。教学艺术的研究，大而言之，可以研究教学艺术的特点、功能和修炼方法；中而言之，可以研究课堂教学某个方面的教学艺术，如课堂教学调控艺术、课堂教学诊断艺术；小而言之，可以研究某节课的教学艺术，或某节课某个片断的教学艺术，如"数学归纳法的教学艺术""勾股定理的导课艺术"。

卓越教学研究。余文森教授在《从有效教学到卓越教学》的序言中这样说："卓越教学是一种教学思想、一种教学理念，而不是一种教学模式、一种教学方式；卓越教学是一种教学精神、一种教学境界，而不是一种教学行为、一种教学水平；卓越教学是一种教学态度、一种教学品质，而不是一种教学表现、一种教学成绩。"对教学思想、理念、精神、境界、态度、品质的研究，是不是很有新意和充满挑战？

线上教学研究。线上教学是指人们通过互联网，并采用各种技术手段进行的远程教学。这种教学方式可以让学生随时随地利用网络接入教学平台，参与在线课堂、观看视频课程、进行交互式学习和完成线上作业等。就教师而言，线上教学怎么教？就学生而言，在线学习怎么学？这两大问题可以研究。线上教学的未来前景如何？线上教学还存在哪些问题以及如何改进？线上线下教学如何互补？如此等等问题，也都值得研究。

## 三、教育之研

教育，可以指学科教育，也可以指大教育。宏而观之，素质教育、课程改革、核心素养、以德育人等,都是可以研究的;中而观之,养成教育、网络教育、心理教育、体育美育等,都是可以研究的;微而观之,诸如"寻找学科教育的文化基因""教师教育的理想境界""今日教育缺什么""未来教育的当下使命"等,是不是都可以研究?

### 1. 宏观教育研究

名师成长之路,是不断"步入新境"之路。他们多数先从微观教育研究入手,进而研究中观教育,再研究下去多有研究宏观教育的。到了退休前后这个阶段,他们的研究信手拈来,"三观"研究并举,以研究的力量助力教育发展。

李镇西老师,现在我们称他是一位著名的教育家,他是从中学教师走向教育家的。我们可以从他出版的书,领略他的研究之旅。

他的"手记系列"之《爱心与教育:素质教育探索手记》《走进心灵:民主教育手记》《从批判走向建设:语文教育手记》,每篇"手记"就是微观的;《给教师的36条建议》《李镇西答新教师101问》,每一"信件""随笔""建议""答问",也应当是微观的。

他的《重读苏霍姆林斯基》《叩问教育》《重读陶行知》《教有所思》等书,可谓是中观研究了。顾明远教授在评《重读苏霍姆林斯基》时这样说:"本书是李镇西老师用自己的教育实践阅读苏霍姆林斯基的书,是扎根中国大地、结合中国实际活学活用的书,是学习苏霍姆林斯基教育论著的札记,也是经过创造的中国教育理念。"

在《教育的初心》一书中,李镇西老师以独特的视角、坦诚的文笔,直面教育热点和社会热点,深入探索教育教学的本质规律。什么是好的教育?李镇西老师在《为了更好的教育》一书中做出了回答:"好的教育的灵魂是人性,有人性的教育才是好的教育。"李老师的这些书,就有了宏观思考和研究的意蕴了。

### 2. 中观教育研究

中观的教育研究,是多数教师经过努力就可以进行的。

黄东坡，一位中学数学教师，我读他的《发现诗意的数学：我的数学教育理想》一书，被"诗意"深深吸引。

作者力求寻找数学与科学、数学与艺术、数学与人文的广泛联系。在广阔的文化背景中，构造数学文化场景。内容既有真知，又有顿悟；既有方法，又有思想；既有历史，又有情境；既有趣味，又有哲思；内外兼修，通达圆融。宏观中，大气磅礴；微观里，摄人心魄。

从大教育的角度说，这就是教师对教育的中观研究。我们再看一例。

王金涛，一位小学语文教师，我读他的《未来阅读》一书，对未来教育的新样态有了新的预判，重新定义阅读、重新定义学习、重新定义教师、重新定义课堂、重新定义……

成尚荣老师的评价更精彩："读王金涛老师的《未来阅读》，这一感触尤深——我经历了一次阅读与学习的过程，接受了一次新阅读、大阅读的洗礼。《未来阅读》是王金涛的力作，是他阅读研究心血的凝结，是他教学研究视角的抬升，是他实践经验的深度提炼。可以说，这是他目前所有著作、所有论文中有分量、有研究含量因而为优质的作品。"

### 3. 微观教育研究

微观教育研究，也可以理解为"小课题研究"。

教师可以读"小课题研究"方面的书，如徐世贵、刘恒贺老师写的《教师怎样做小课题研究：高效助力教师专业化成长》这本书。全书针对教师在研究实践中经常遇到的困难、问题和矛盾，选取了一些作者就这些问题对一线教师进行面对面指导的案例，比如：不会选题怎么办？怎样做课题计划？课题研究深入不进去怎么办？怎样写课题总结报告？如何处理小课题研究中的"课题大与小""研究过程与结果""教师自主与专家带领"等八种关系？……这本书都给予了具体的指导性回答。

我给陈燕华校长主编的《"微"张宏"观"》写的序是《教有主张：始于微，行于远》，其中有这样一段话："微主张，是每个教师都可随时进行的事，是发生于教育教学过程的每一次教学设计和每一次教学实施的事，是融于教育教学活动的每一细节的事。因为其'微'，名师可带头做，骨干当积极做，所有教师都可以做。微主张，微小而精准，巧妙而创新；微主张，看起来小，但孕育着大的突破。"

## 第三节　选题：策略、方法与经验

确定论文或课题的选题，是一项思想性、科学性与实践性很强的复杂劳动，是进行教育教学研究、论文撰写或课题实验工作的重要环节。选题是否得当，直接影响到研究能否出成果以及成果的价值。

确定选题的基本原则是科学性、实用性、创新性、可行性和优势性，这是中小学教师首先要注意的问题。这方面已有不少文章论述。这里仅就选题策略、选题方法、选题经验展开论述。

### 一、选题之策

选出适合自己研究的课题，可谓"成功的一半"。选题，一定要认真对待。就中小学教师来说，选题策略可以考虑"四结合"：教学与研究相结合，微观与宏观相结合，边做与边学相结合，扬长与补短相结合。

1. 教学与研究相结合的策略

这一策略讲的就是把教育科研的课题与我们的教学工作结合起来，在理论和实践的结合点上进行探索。也可以在学习理论的基础上，联系实际进行探索。

如我撰写的文章《趣味数学与智力发展》，就是把教学中进行的趣味数学活动与智力研究结合起来，研究趣味数学对观察、记忆、想象、思维等智力因素的促进作用，成果发表于华东师范大学《数学教学》杂志。

又如我研究撰写的《学科竞赛学习指导的若干原则》，就是在长期数学竞赛指导教学中的思考。这里有 12 个"结合"的原则：课内深化与课外指导、立足平时与赛前强化、打好基础与能力培养、小组活动与个别指导、教师指导与学生自学、教师精讲与学生勤练、通法指导与特法渗透、激发兴趣与严谨论证、规范训练与创造训练、理论学习与实际应用、学校辅导与社会参与、智力因素与非智力因素相结合等原则。这篇论文获得"福建省数学教学研究会论文"一等奖。

2. 微观与宏观相结合的策略

这一策略讲的就是把一个较大的研究课题分为若干个小课题，从微观着手，逐个完成小课题，经过一段时间的研究成果的积累，形成宏观的、规模较大的研究成果。

比如我认为中等职业教育如何提高质量的问题涉及多个因素，只有当"中职提质"涉及的若干因素都处于最优状态时，"中职提质"的结果才能成为最优的。而这些因素至少包括管理因素、体制因素、课程因素、师资因素、德育因素、教学因素、学习因素、评价因素等。我就从上述因素入手，分别研究了八个值得探究的领域，写成《"中职提质"的几个探域》一文，发表在《福建教育》杂志上。

这是宏观研究的课题，我们再看一个微观的。郭瑶婷老师研究的《图像作文：活用思维可视化促进小学习作教学》，就是一个微观的研究。研究提出三大实施策略：借"图"审题，选材立意；依"图"构思，构画导图；据"图"成文，形象表达。文章入选《"微"张宏"观"：我的教育教学微主张》一书。

3. 边做与边学相结合的策略

边做边学就是"在游泳中学会游泳"，就是边研究课题边完善课题。实践证明，在课题选择、计划制订和实施的过程中，我们边实践边学习，对研究方法的理解才能更加深刻、才能真正掌握。

我曾研究的一个课题是"数学多维教育实验的理论与实践"，当时什么叫课题研究我也不是十分清楚，就连大家现在看到的课题名称，也是几经修改才定下的，然后怎么列计划、怎么实施、怎么收集数据、怎么分析数据等等，都是边做边完善的，成果发表于《福建中学教学》杂志。研究完这个课题，我觉得我再研究其他课题就有清楚的研究"路线图"了，也就更有信心进行新的课题研究了。

常秀杰老师的《有效利用学生错误资源的初步研究》一文中的"初步研究"就是边做与边学相结合的研究。"让'错误'美丽起来，让课堂因'错误'而更精彩""让学生的'错误'激活师生的思维，让课堂真正成为师生共同成长的舞台"，观点鲜明。

4. 扬长与补短相结合的策略

中小学教师之长，在于有丰富的学科教学或技能教学经验，有一线教育实践经验，有大量的第一手资料，有可深入、仔细研究的实验对象。此"长"当"扬"，大可进行行动研究、个案研究和实验研究。中小学教师之短，就是缺乏理论指导、研究方法较为粗糙，因而研究成果往往停留在就事论事的水平上，此"短"宜"补"——抓紧时间学习先进的教育理论和基本的教育研究方法。"短板补长"用之于教学实践，必能产生新的教育效应。

我研究男女智力差异与数学学习时，发现我对心理学知识掌握得不好，尤其是男女差异的心理学分析也不是很清楚。于是我在一段时间内学习了《智力心理学》《男女差异心理学》《性别心理学》《青年性别差异心理学》《男女智力差异与教育》《男女生的学习心理差异》《中小学数学能力心理学》等。此"短"一补，接下来的研究就十分顺利了，最后成果发表于山西教育学院《教学与管理》杂志。

我对"灯谜"颇有研究，但对"对联"了解不多，我就"扬"我的灯谜之长，写成了《灯谜的教育功能》一文，还写了好几本灯谜与教育方面的书，也算是我这个理科生的"另类研究"。

## 二、选题之法

总体来说，选题源于教育发展之需，源于教育实践之探，源于教育信息之思、源于教育突围之困等，具体选题方法可以从以下十个方面入手。

1. 在"文献"中选题

写论文，必然要查阅大量文献资料，也必然会评价、研究和借鉴文献资料，"文献"让我们站在"高人"肩上。在研究文献时，我们有时会发现一些研究成果中有矛盾的或空白的地方，这是我们"可探之处"。

我在研究"学校特色发展"这一问题时，查阅了大量的文献，发现大多数文献都在探讨如何创建特色学校时，只有一篇《中小学不能一窝蜂搞特色学校》与其他文章观点矛盾。我由此延伸出思考，并写了一篇题为《学校特色创建应注意的几个关系》的文章，辩证论述"学校的特色创建"。

2. 在"比较"中选题

有比较才有鉴别，在"比较"中确定事物的异同关系，然后从中确定一些论题。比较，可以横向比较和纵向比较，也可以定性比较和定量比较。当然，在比较时应注意教育问题或对象的可比性，注意比较对象的对等性和特殊性，既要比较现象又要比较本质。

横向比较，如"企业文化与学校文化比较研究"；纵向比较，如"中学生技能发展研究"；定性比较，如研究"中职生顶岗实习：一岗到底，还是多岗轮换"；定量比较，如"中学生课堂学习指导实验研究"，这类研究需要有实验班、对比班，并就课堂学习指导实验进行教育统计分析。

3. 在"边缘"中选题

现代科技发展的总趋势是走向"高度分化"与"高度综合"的统一，这会导致新兴学科、交叉学科、边缘学科、中间学科大量涌现。科技发展如此，教育研究亦然。教育研究的高度分化与综合，也必然会产生大量的带有"边缘"色彩的选题。

如心理教育与中职教育教学活动"交叉"，可得到诸如"中职生顶岗实习心理研究""中职生技能大赛赛前心理疏导""非智力因素与中职生学习"等选题；又如在中职与高职贯通的这一"边缘"地带的探究，可得到"基于中高职贯通的课程设置研究"等选题。

4. 在"热点"中选题

教育之事中的热点问题不断,人们尤其对教育改革方面的问题讨论热烈,我们就可以从这些教育改革的新鲜话题中去找选题。

大而言之,我们可以研究"中等职业学校科学管理能力建设问题""中等职业学校校长能力提升问题"等;中而言之,我们可以研究"××专业教材创新问题""××新专业规范化建设问题"等;小而言之,我们可以研究"中职生××社团活动研究""改进××专业考试方法研究"等。

在教育热点涌动、各种观点异彩纷呈的今天,我们一定要克服浮躁心态,以审慎、理性的眼光,科学审视热点,选好研究课题。

5. 在"难点"中选题

类似的,教育中的难点问题也不少。找教育难点,要从教育理论与实践研究未果的难题中去选择课题。

比如中职德育问题研究是难点,"德技并重,培养高素质的劳动者和技能型人才"是中职教育永恒的课题。一细化下去,又有"现代德育之探""德育渗透之探""理想德育之探"等。其中"现代德育之探"一展开,又有诸如"现代德育的走势研究""传统德育的现代转化研究""传统德育的现代借鉴研究"等。

又如中职创业能力研究也是个难点,我们不妨先从"创业者的心理准备研究""创业者的知识准备研究"和"创业者的能力准备研究"做起,突破难点。

6. 在"弱点"中选题

教育研究,永远都不可能达到"最完美"的境地。找出教育研究的某个方面的"不完美"(甚至是"空白")之处,"每一个不美满的原因所在之处,都是一个极好的而且可能的研究问题"(斯宾塞语)。我们要善于观察、辩证思维、多角度分析现有研究成果的不完备、不深入、不妥当之处,用新视角审视原有成果并进行补充和完善,关注某些系列研究中尚待解决的问题等。

我早年读过很多关于课堂导言设计的文章,忽然想道:一堂课究竟怎样结尾好呢?翻阅文献发现当时这个问题极少有人研究,于是我为了"填补空白"写了篇《数学课结尾的教学设计》，并于 1987 年投稿至《教学与研究》(中学数学)，一投即中。

### 7. 在"地方"中选题

"地方"的教育研究，是我国教育研究不可或缺的一部分，而且是很重要的一部分。地方有地方的特色，只有各地形成自己的特色，才会有国家和民族的特色。不同地方有不同的民情，同一地方的不同学校也会表现出差异性。因此，同一教育理论的应用、同一教学方案的实施，在不同的地方就有可能产生不同的效果。这种包括校本特色在内的"地方特色"，为我们选题提供了不少方向。有特色才有研究的现实意义和价值。

如我们可以进行"农村教育发展问题研究""闽台教育合作研究""区域产业的专业改革试点研究""民族地区中小学教育的特点和对策研究"等。

### 8. 在"移用"中选题

"移用"的本义为：把用于别方面的方法、物资等拿来使用。用到科学研究上，可以将"移用"理解为：把某一学科领域中的新方法、新观点、新概念等，移用到其他学科领域中，用于解决其他学科中的疑难问题，以提供启发和帮助，获得新的科学发现和技术发明。教育研究，完全可以参照"移用"思路，进行"移用选题"。

如关于高职的研究选题移用到中职，关于普通高中的一些研究选题移用到中职，关于企业的一些研究选题移用到中职，等等。如此看来，中职和中小学教师，还不能都只读"自己领域"方面的书，唯有"博览群书"，方能"巧妙移用"。

### 9. 在"阶段"中选题

事物的发展是分阶段的，教育研究的发展也是如此。不同的发展阶段，人们对所研究对象认识的角度和深度是不同的，研究成果的水平也是不同的。因此我们就可以根据事物各个阶段的不同特点来确定选题。

比如"新时期中职班级工作的新思路""基于网络信息平台的学生学习研

究"等。阶段选题,有"初始阶段"的选题,如"构建中职学生成才发展的立交桥"是个新问题,我们就可以选个可研究的领域进行"初探";有"稳定阶段"的选题,如中职课程改革,我们可以找个"警觉点"进行"再探";有"成熟阶段"的选题,如教师队伍建设,我们可以找个"创新点"进行"试探"。

10. 在"偶然"中选题

有一些论文的选题是在偶然中发现的。我们在工作、学习、生活中,或在参加某些学术活动中,有时受到某些事件的启示而茅塞顿开,找到新的研究方向、确定新的选题;有时在不经意间,发现了在自己研究领域之外而又有可能完成的课题。只要我们不断积累知识,善于观察分析,培养创新意识,就能在偶然中找到选题。

有一次专家讲话时说了句"新时代呼唤新教师"。这启发我研究写成《新高考呼唤"新教师"》,成文后的要点有:这"新教师"是指教育理念能适应新高考,教学能力能适应新高考,自身素养能适应新高考的教师。"新教师"是熟知新高考之征的教师,"新教师"是深悟新课程之态的教师,"新教师"是知道自己应具备什么素质的教师。

### 三、选题之经

我做了多年的研究,许多朋友说我选题好:新颖,内容很丰富,行文有条理,评析讲辩证。东缨老师说我"挑灯精思,不眠构创,才思涌泉,文笔神来";编辑经常说我"神速""快枪手""任老师发来的文,基本上不用修改";等等。其实,这与我的选题经验有关,这里说出来与读者分享。

1. 一个选题本

所谓"一个选题本",其实就是一个笔记本。在笔记本上,用一张纸的正反面,记录头脑中闪现或思考的选题;若以后思考这个课题又有新的发现,就又记录在该张纸上,积累多了,也就有了大致的思考框架,就可以进行研究和写作了。

我的选题本上，至少有五十个选题，编辑来电约稿，我常常从选题中挑一个相对接近约稿内容的，在该基础上进行写作。如此一来，我的稿子自然是"神速"且"行文有条理"的了。我的文章未必都是"不眠构创"，但一定是"时时构创"的。由于有了平时的积累，结合具体写作时的思考，文章也就内容丰富了。

不过，现在做"选题本"就要比我早年轻松多了。我们可以记在手机的备忘录上，记在电脑的文档上，还可以利用手机微信功能，请学友指导、请专家把关。方向对了，事就基本上做对了。

2. 瞄准一个目标，长期积累、探索、思考

作为数学教师，我瞄准的选题目标涉及数学教育、数学解题、数学竞赛、趣味数学等方面。如"数学引趣与引深""数学猜想教学问题""数学眼光看生活""高观点下的中小学数学教育""数学教学分化点问题""公式教学教什么""数学作业中的'题外题'"等。

作为班主任，我瞄准的选题目标涉及班级管理、班级文化、学习方法、班级建设等。如"中等生脱颖而出""中学生学习方法与能力培养""班级迎考的科学管理与理性探索""营创班级灯谜文化""从专管到共育的班级组建设""学生心理问题的'诗意化解'"等。

作为特级教师，我关注名师成长、教育热点难点、课程改革、课堂激活、教育前沿等问题。如"名师成长的研究与探索""好教师教书之新境""教师的自我减压之道""教师要有怎样的课程理解""馆校结合天地阔""未来教师的当下使命""常态课与公开课的理想样态""全课程让核心素养悄然落地""让生优雅的师者之道"等。

3. 把"教育"或"教学"改为"学习"

我发现，关于"学习科学"的研究相对于"教育科学"的研究少很多。我还发现，如果把现有教育科学的许多问题中的"教育"或"教学"两字用"学习"两字替换，就是一个崭新的课题，就有一个崭新的研究前景。

比如《基于网络环境的技能教学》是一篇论文，《基于网络环境的技能学习》，何尝不是一个崭新的研究选题？

类似的，进行跨学科阅读，在阅读时，尝试把其他科目的字眼改成你所教的"学科"字眼，就很可能是一个崭新的研究领域。因为本学科老师的思维往往是一种或一类模式，而"他科"老师的选题角度和思维方式，就会有所不同。

比如读语文杂志，读到《多维视野下的语文教育》一文，你就可以想一想：能否写出《多维视野下的××教育》？××就是你所教的那门学科名；你是数学教师，那就尝试写出《多维视野下的数学教育》。

### 4. 目录联想法

看一本杂志的目录，或看一本书的目录，我常常不急于看具体内容，而是自己先联想一番：如果我自己写这篇文章或做这个课题研究，我会怎样进行研究？如果条件允许，可以把自己的想法提纲挈领地写下来，然后对照作者所写，看看是作者写得好呢还是自己的见解好。如果是作者写得更好，对自己来说是一次眼界的开阔；如果自己的见解比作者好，那这一见解又何尝不是一个可以考虑的写作选题呢？

比如我读《论灯谜的功能》一文，作者讲了"灯谜是融思想性、艺术性、知识性、教育性、趣味性于一体的健康有益的文化娱乐活动，灯谜寓教育于娱乐之中，增知识于谈笑之间，长智慧于课堂之外"。作者讲得很好，不过没有就灯谜的"教育性"展开论述，我就着手研究"灯谜的教育功能"，先想到"育德、增知、启智、激趣、育情、谐美"六个方面，后来想"凑十"，又补充了"读史、创新、促教、助兴"四个，这样就"十全十美"了。几年后围绕这十个方面写成《寓教于谜，润物无声：特级教师趣说教育灯谜120例》一书。

### 5. 思想氧吧

所谓"思想氧吧"，就是有一批相对固定的人，有一个提前告知的话题，每周或每两周约好一个相对固定的地方，由一个主讲人先进行话题的阐述，然后大家对这个话题进行七嘴八舌的讨论。这种类似于"头脑风暴"的思维碰撞，能激活参与者的思维，能点燃参与者创新的火花，能引发参与者的讨论热情，能引导参与者保持一个活性的大脑，能找到许多可以进一步研究的选题。

比如20世纪80年代，我们龙岩一中几个青年教师组织了"周末论教"活动，每次讨论一个小主题。我早年的研究成果《适应性试题考查学生哪些适应能力》《学科学习学试探》《作业谈心法》《小循环教学好处多》等，都是受这个活动启发得来的。

又如我参加厦门市青年教师学习共同体活动，开始时我讲的观点多些，后来大家又多有见解，继而相互研讨。我从年轻人敏锐的视角中，获取了更多的学术思想和研究朝气。《明师应是研究者》《现代德育的几个走势》《研名师之征，悟优秀之道》《胸中有"标准"，进取无止境》等，这些研究成果都算是"思维碰撞"出来的。

## 第四节　路径：以研究的力量推动教育发展

用什么力量来推动教育事业的发展？各有各的"推力"。有人用行政之力来推，有人用人格之力来推，有人用制度之力来推，有人用文化之力来推。因为我已经养成了在研究状态下工作的习惯，所以我是以研究之力来推的。

我以为，我们中小学教师也应该以研究之力来提升教育教学工作，因为要研究就要"学"，还要"思"，更要去"践行"。"研"是一条灵动的主线，串联起了教师"学—思—行"的成长路径，让教师的教育教学更有智慧、更具魅力。

### 一、教育研究是基于案例的情境研究

教育，涉及面广，涉及因素多。这就要求教育研究必须置身于具体的情境中。离开情境的研究，只能是理想化的研究，甚至是机械的、空洞的、凭个人经验的研究。在生动的、鲜活的案例背景下的情境研究，是研究成果价值性和有效性的基础，是将教育理论与教育实践相结合的基点，也是通过案例架起研究者话语与实践者话语对接的桥梁。

例如：教师如何从作业批改的角度进行研究创新？有许多案例，也有许多情境，这是中小学教师可以研究的问题。我曾写有《数学作业再生法》一文，现摘录与读者分享。

十几年前，我在批改学生的数学作业时，一般是按传统的批改方式进行批改，即发现学生作业中的错误，总是在作业上给予订正，数字错

了改数字，式子错了改式子，推理错了改推理，学生不会做的我也在作业上写出解答等。一句话，哪里有错，哪里"见红"。这样做，教师费了不少精力，而学生对错误的认识并不深刻。

教师批改作业的目的在于检查教学效果，了解学生掌握知识和技能技巧的情况，帮助学生纠正错误。学生对错误的认识和纠正错误，一般要有一个认识和纠正的过程：错在哪里—为什么错—怎样纠正—以前有类似的错误吗—今后如何避免这类错误。传统的批改方法则将这些过程由教师代替了，压抑了学生学习的主动性和积极性。至于学生是否弄懂错误之处，教师并不十分清楚。

我在近十年来的教学实践中逐步探索采用"数学再生作业"的方法，比较有效地克服了传统作业批改方式的弊端，收到了良好效果。"数学再生作业"就是教师在批改作业的过程中，发现错误并不直接修改，而是通过符号、提示、质疑、重做、"还原"、强化、借鉴、另解、引申、论文等方法，暗示其错误或错误的性质，或给出探索方向，由学生自己动脑动手，找到正确的答案，总结解题规律和解决新的问题。

下面谈谈具体的做法。

### 1. 符号法

在学生作业错误之处，用不同符号表示不同的错误性质，暗示学生及时在作业旁纠正。

常用的符号有：

①画线叉号（_____×），表示画线部分有错误，应纠正画线部分；

②缺漏号（∧、∨或＞、＜），表示该处有缺漏，暗示要补上必要的缺漏部分；

③疑问箭头（⇒？），表示这步推理条件不足，需补上推出箭头所指部分的条件；

④箭头叉号（⇒×），表示这步推理错误。

这是比较常用的方法，能启发和促进学生自我思考、及时纠正错误，也有助于教师因材施教，培养学生自我解决问题的能力和养成严肃认真的学习态度。

2. 提示法

当学生作业错误较严重或错误较隐蔽时，应在该处给予提示。提示时，补充说明错误的性质、类型或适当给出解题方向。

【例】已知：直线 $AB$、$AC$、$AD$ 等都和直线 $l$ 垂直相交于点 $A$。求证：$AB$、$AC$、$AD$ 等直线都在过点 $A$ 而垂直于 $l$ 的平面内。

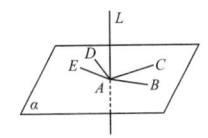

证明：如图，$\because AB \cap AC = A$，故 $AB$、$AC$ 确定平面 $\alpha$。又 $l \perp AB$，$l \perp AC$，$\therefore l \perp \alpha$。

而 $AD \cap AC = A$，故 $AC$、$AD$ 确定平面 $\alpha$，即 $AD$ 也在平面 $\alpha$ 内，且 $AD \perp l$，故 $AB$、$AC$、$AD$ 等直线都在过点 $A$ 而垂直于 $l$ 的平面内。

教师评语：

上述证明是不严谨的。因为由 $AB \cap AC$ 确定平面 $\alpha$，从而得出 $AC \cap AD$ 确定平面 $\alpha$，即 $AB$、$AC$、$AD$ 共面是没有根据的。这显然犯了循环论证的错误、忽视了对平面唯一性的证明。

这种方法有利于学生了解错误的性质和类型，提高学生纠正错误的信心，对于中、下水平的学生尤为有效。

3. 质疑法

根据作业错误情况提出疑问。质疑是一种暗示，学生弄清疑问的过程就是发现错误、纠正错误的过程。

【例】求函数：$y = x^2 + 8x + \dfrac{64}{x^3}(x>0)$ 的最小值。

解：$\because x > 0$,

$\therefore y = x^2 + 8x + \dfrac{64}{x^3} \geq 3^3\sqrt{x^2 \cdot 8x \cdot \dfrac{64}{x^3}} = 3^3\sqrt{2^9} = 24$

$\therefore y_{min} = 24$

教师评语：

等号成立的条件是什么？能找到满足 $x^2 = 8x = \dfrac{64}{x^3}$ 的实数 $x$ 吗？

质疑常使学生感到愕然，愕然便使学生产生找出"错在哪里"的兴趣。这种方法符合学生的学习心理，值得提倡。

4. 重做法

当学生作业错误较为严重、或错误之处较多、或解答很不完整、或书写很不规范时，可考虑让学生重做。

使用这种方法要谨慎，弄得不好会产生不良影响。最好能根据作业情况写出"友善交谈"式的评语，使学生不会感到是惩罚和训斥，而是"善意的为难"。

【例】化参数方程 $\begin{cases} x = \dfrac{a}{2}\left(t + \dfrac{1}{t}\right) \\ y = \dfrac{b}{2}\left(t - \dfrac{1}{t}\right) \end{cases}$（$t$ 为参数）为普通方程，并说明表示什么曲线。

解：原方程变形为 $\begin{cases} \dfrac{x}{a} = \dfrac{1}{2}\left(t + \dfrac{1}{t}\right) \\ \dfrac{y}{b} = \dfrac{1}{2}\left(t - \dfrac{1}{t}\right) \end{cases}$

两式平方相减，得 $\dfrac{x^2}{a^2} - \dfrac{y^2}{b^2} = 1$（双曲线），即为所求的普通方程。

教师评语：

其他几题做得不错，唯此题解法缺乏严密性，忽视了除数为零的情况。若能重做此题，对于提高你的全面分析问题的能力是很有帮助的。

## 5. "还原"法

批改学生作业时，若发现学生的双基不扎实，某些旧知识和技能缺漏较多，可编选一些与这些旧知识和技能有关的习题让学生进行"还原"练习。

【例】已知：$I=\{x|x\geq 0\}$，$A=\left\{x\left|\dfrac{x-1}{x-3}\geq 0\right.\right\}$，$B=\{x|x^2-7x+10\leq 0\}$，求 $A\cup B$，$\overline{A}\cap\overline{B}$，$\overline{A\cap B}$。

某学生解答错误较多，错误并不在于集合知识，而是解不等式时屡屡出错。我给出了下列题目，要求该生进行还原练习。

教师评语：

看来你解一元二次不等式还不过关，请完成下列解不等式练习：

（1）$3+x-2x^2\leq 0$；（2）$-5x^2+7x+11>0$；

（3）$\dfrac{3x+1}{x-3}>2$；（4）$x^2-ax+x-a>0$。

## 6. 强化法

学生对某一类新知识在作业中存在问题较多时，可以在作业上给出正确解法，同时安排一些类似的习题让学生进行强化练习。

【例】已知：$a^4+b^4+c^4+d^4=4abcd$，求证：$a$、$b$、$c$、$d$ 为边的四边形不是正方形就是菱形。

学生解答错误，教师给出正确解法，并给出下列两题强化训练（*）。

（1）已知 $a$、$b$、$c$ 为 $\triangle ABC$ 的三边，且 $a^2+b^2+c^2=10a+24b+26c-338$，判定 $\triangle ABC$ 为何种三角形。

（2）解方程 $(x^2+1)(y^2+4)=8xy$。

*注：暗示学生利用非负数的性质来解。

## 7. 借鉴法

为了帮助学生了解造成某类问题解答错误的原因和找到正确的解题

方法，可以在学生作业上指明该题可借鉴课本、课堂笔记、学生现有的某本参考书的例题或习题的解答，使学生掌握这类问题的解答方法。

有时学生解题无误但方法不太好，也可以采用此法。这种方法给学生指明了自我学习、钻研的途径，有助于培养学生的自学能力，还可适当减轻教师订正作业的负担。

【例】不查表求 $cos40°+cos60°+cos80°+cos160°$ 的值。

解：原式 $=(cos40°+cos60°)+(cos80°+cos160°)=2cos50°cos10°+2cos120°cos40°=\cdots$

作业中出现了使计算无法继续下去的局面。

教师评语：

请你再看看课本中的解答，它给出了这类问题的解题思路，即对三角函数进行各种分组化积之后，应使各项仅含特殊角的三角函数或不含特殊角的三角函数时各正、负项能互相抵消。

## 8. 另解法

作业中学生的解答无误，但本题尚有多种解法。为了使学生广泛地综合运用基础知识、提高基本技能、更有效地发展逻辑思维，可以让某些学生（尤其是学有余力的学生）去探讨另外的解法。有时也可以指明另解的具体方向。

【例】如图，已知：（1）半圆的直径 $AB$ 长为 $2r$；（2）半圆外的直线 $l$ 与 $BA$ 的延长线垂直相交于点 $T$，$|AT|=2a(a<\dfrac{r}{2})$；（3）半圆上有相异两点 $M$、$N$，它们与直线 $l$ 的距离 $|MP|$、$|NQ|$ 满足条件：$\left|\dfrac{MP}{MA}\right|=\left|\dfrac{NQ}{NA}\right|=1$

求证：$|AM|+|AN|=|AB|$。

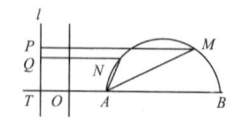

证明：∵ $M$、$N$ 两点在 $y^2=4ax$ 上，$x^2-2(r-a)x+a(a+2r)=0$，

∴ $x_M+x_N=2(r-a)$，∴ $|AM|+|AN|=|PM|+|QN|=(x_M+a)(x_N+a)=(x_M+x_N)+2a$

$=2(r-a)+2a=2r=|AB|$.

教师评语：

利用整体思想解题，恰到好处。我以为利用极坐标来证，简明易懂。你不想试试看吗？

9. 引申法

任何一道数学题，都蕴含着一定的数量关系或空间形式。深刻认识数学所反映的这种关系的推广或考察命题的特例等，能引导学生进一步深入思考。

将数学问题引申是极为有益的学习方法，可以帮助学生深入研究数学问题、拓宽数学基础知识，从而切实提高解题能力。

【例】求数列 1，0，1，0…的一个通项公式。

解：$a_n=\dfrac{1+(-1)^{n+1}}{2}$.

教师给出评语，启发学生思考：

你能进一步考察下面数列的通项公式吗？

（1）1,0,0,1,0,0…

（2）$a,b,a,b,a,b$…

（3）$a,b,c,a,b,c$…

10. 论文法

有意布置一些典型问题或需要用典型解法解答的问题，在学生解答问题之后，要求某些有较强探索能力的学生对这类问题和方法，或加以概括、小结，或加以充实、提高，或加以变化、推广，写出一篇数学小论文。

在指导学生撰写小论文的过程中，发现学生常常感到找不到选题。

这种方法能有效地解决这个问题。

教师通过作业引导学生深入探讨，学生感到自然，写起来就会兴趣盎然。引导学生撰写数学小论文，契合学生内心的创造精神，同时也为他们将来进一步深入学习打下了基础。通过再生作业引导学生撰写数学小论文，是培养高水平数学人才的一条途径。

【例】你能用 6 个 1 组成一个最大数和一个最小数吗？

解：最大数为 $11^{11^{11}}$，最小数为 $1^{11111}$。

教师评语：

最小数的写法还有多种形式，如 $1^{1111^1}$、$1^{111^{11}}$ 等。你能说出最小数有多少种不同的写法，并推广到 $n$ 个 1 的情形，写篇小论文吗？

两名初一女生经过一个多月的研究，终于写了一篇《一个猜想及其"推证"》的数学小论文，得出：$n$ 个 1 ($n>2$) 能组成结果为 1 的不同写法有 $2^{n-2}$ 种。这篇小论文获得市论文竞赛一等奖。她们到了高二时，还用数学归纳法对这个猜想进行了严格的证明。

综上所述，我们可以看出，几乎学生所有的作业错误都能在再生作业体现出来(某些解答正确的作业也可再生)。数学再生作业的每一题，就是一道新的作业练习题，而且是该生必须完成的一道练习题。有的是为了弥补缺漏，有的是为了纠正错误，有的是为了掌握解题格式，有的是为了进一步提高学习水平而设置的。这些不同形式的再生作业都是因人、因题而异的，它比统一的练习题更有针对性和实效性。学生的缺漏和错误往往能及时地通过再生作业得到弥补和纠正，使他们能步步跟上正常的学习。学有余力的学生的聪明才智也可以通过再生作业得到充分的发挥。当然，数学再生作业也不可滥用，否则将加重学生的学习负担。总之，数学再生作业值得研究，值得推广。

除了"数学作业再生法",还有别的"再生法"吗?回答是肯定的。

尤其是在课程改革的今天,一定还会有精彩的"再生"。比如"编题法",即让学生编作业题;又如"讲题法",即让学生上讲台讲"解题之误",讲"解题之得";等等。

"数学作业再生法"是可以进行实验的。如果说,我的研究是基于"实践"的,我希望有更多的数学教师进行"实验"。对照组按常规进行作业批改,实验组则相对少布置作业但适当"再生",相信一定是一项很有意义的实验。

其实,你一旦进行"作业再生"的工作,你就进入一种研究状态,你就进入一种动态生成状态,你就进入一种"自找苦吃但津津有味"状态。不仅如此,你会发现你的教学变得生动了,你的备课进入"研究"了,你布置作业不随意了。还有,你的学生眼里放光了——那是一种智慧之光,你发现你拥有一批"智者之生"。

## 二、教育研究是基于问题的行动研究

"教育者"这个职业是极富有挑战性的,全社会都要求教育者尽善尽美。教育者的日常工作和为了专业发展的研究,往往在时间上是矛盾的。

怎么办?我觉得教育者可以针对教育教学实践中的问题,进行专业发展性行动研究,这样就能把实践和研究结合起来,让研究成为工作的一部分,实践中的诸多问题又能在研究中得到解决。因此,教育者的研究是基于问题的行动研究。

这种研究,一是研究的目的直接指向教育行为,研究的需要直接源于教育中的问题;二是教育实践成为研究的资源,教育实践为研究提供了生动的素材;三是教育实践的过程为研究的过程,研究在教育实践中进行,即教育研究化,研究寓于教育过程之中。

大家请看一篇我的"赞美之策"的行动研究:

## 明天表扬谁？
### ——试论数学教学中的"赞美"之策

不知从何时起，我养成了一个习惯：每天备课快结束前，还要"备一事"，就是"明天表扬谁？"

可以表扬最近进步的学生，可以表扬作业工整的学生，可以表扬给出新颖解题方法的学生，可以表扬自觉预习课文的学生，可以表扬研究型学习做得扎实的学生。表扬学生，就是赞美学生。教师，不要吝啬你的赞美。你的赞美，也许是某个学生成才的起点。

家庭教育的理念中，就有"好孩子是夸出来的"这一条。"说你行，你就行，不行也行；说你不行，你就不行，行也不行！"恰恰反映了家庭教育中最重要的教育规律。父母言行要多一些正强化，少一些负强化。"行"这个字为什么这么灵？因为它满足了孩子无形生命的最大需求——赏识。对于孩子，其实好坏全在心态，就看怎么去引导。所以，赏识孩子，就要找出孩子可以发展的一面，鼓励孩子说："你行！"

家庭教育的理念，用在教学上，道理是一样的。

曾读一书，书名就叫《一切从赞美开始》。书中说"赞美"有四种定义：其一，赞美是通过语言使别人的某种态度、思想及行为表现得更为强烈而采取的定向的激励方式；其二，赞美是一种精神嘉奖；其三，赞美是一种润滑剂或万能胶；其四，赞美是相互的抬高，是一种双赢的策略。

赞美激励是鼓舞学生士气的有效手段，数学教师岂可不用！

教师赞美学生，可以赋予学生积极向上的精神力量。教师要学会用好话迎合学生，不要放过赞美的机会；要寻找学生的优点来赞美，不要"鸡蛋里面挑骨头"，揪着学生的缺点不放；要对提问题的学生多加赞扬，不要认为这些学生怎么"这么多事"。

赞美之策，一是赞美学生要持平等的态度，即要放下"架子"来赞美。二是赞美要公正，即要"一碗水端平"。三是赞美要及时、真诚。此时不"赞"，更待何时？四是赞美要公开、得体，管理学中有"公开表扬，私下批评"一说。

当然，赞美亦须有度，随意拔高不可取。

### 三、教育研究是基于群体的合作研究

教育问题的广泛性、多样性、复杂性和综合性，决定了教育研究在许多情况下是要"集体攻关"的。这种"集体攻关"常常表现为课题组形式。"集体课题"的"顶层设计"，需要团队协同作战，研究解决教育教学中的重大问题。

"顶层设计"可以通盘考虑，构建总课题、子课题和微型课题。课题组成员分工明确，围绕总课题进行各自子课题的研究。总体的程序是：确立研究课题—制订研究计划—实施研究内容—收集研究资料—分析研究结果—撰写研究报告。

我分管中等职业教育工作时，深感中职生的成才和发展还有许多方面的工作要做，比如针对他们实际情况的可读之物太少的问题，我就组织中职教师就"现代中职生成才导向"这一问题进行研究。我们分了十个课题组，每个课题组研究、撰写一章。经过一年多的探索和研究，终于得出成果——《现代中职生成才导向》出版。这本书由各中职学校购买送给每个中职生，并供班主任在班会上使用，同时我们还开展了"让梦飞翔"的阅读分享系列活动。

### 四、教育研究是基于个体的自主研究

教育研究除了以课题组的"集体攻关"形式出现外，还有一种以"个人课题"呈现的自主研究。

一线教师在"集体课题"中往往找不到自己的兴趣和需要，无法找到研究点。而"个人课题"就可以使广大一线教师找到自己的研究点，找到自己

的研究的兴趣点和需要点。"个人课题"的"底层设计"具有独特性、自主性、灵活性、实践性和实用性。

南京市教育科学研究所率先在这方面进行了深入的研究和实践，还成立了"全国教师小课题研究协作体"。他们在宣言中强调："小课题"是"自助式"课题，"小课题"是教师的课题，"小课题"是实践性课题，"小课题"是发展的课题，"小课题"是开放的课题，"小课题"是大家的课题。

中国教育科学研究院江明认为，南京的"个人课题"让教师专业成长"天堑变通途"。教育研究的道路还很远，但"个人课题"的研究成效已凸显。

教育研究需要"集体课题"的"顶层设计"，也需要"个人课题"的"底层设计"。"集体课题"的分解再分解，最终成为"个人课题"——当然这是被动的"个人课题"；同类"个人课题"的融合，也可能成为"集体课题"——当然这里有"同类"这个制约前提。此时我想起了费孝通先生的手书："各美其美，美人之美，美美与共，天下大同。"我们期盼着"集体课题"与"个人课题"各美其美！

的确如此！我的所有课题研究中，"个人课题"占了80%以上。

## 五、教育研究应是原创的独到研究

"学院派"的教育研究与教学实践常有脱节的现象，完美的教育理念在复杂多变的教育现实面前显得很脆弱，因此时代呼唤教育研究工作者深入教学实践。但一线教师教育理论和研究水平往往不高，时代也要求教师不仅仅是教案的执行者，不能成为纯粹的"教书匠"，教师还必须是教育问题的研究者。

一线教师的研究，应是原创且独到的研究。

比如，我在中学数学教学中进行研究和实践后，总结了一些行之有效的经验，我称之为"土"经验。我觉得我的这些"土"经验，不敢说都是原创的，但多有原创思想和独到思考。

我的数学教学"土"经验，有如下24个：

每课一趣，每堂一赞，每日一题，生考教师，学生命题，作业再生，学习指导，贴近生活，文化渗透，不唯教材，让生上课，成片开发，有意差错，高数融合，作业谈心，统计到位，不为原序，可开"天窗"，限制解法，限时作业，序化有序，类化知类，活化会活，深化能深。

我把其中的两个"经验"展开一下：

经验12：成片开发。数学概念、命题（公理、定理、性质、公式）、解题等，常常是可以"成片开发"的。我在教学中，以单元结构教学法为主，辅以其他教学方法，整体推进。注重数学知识的纵横联系，揭示其本质属性，让学生整体把握数学知识。在解题教学中，引导学生考虑一题多解，让问题由点构成线；引导学生一题多变，让问题由线构成面；引导学生一题多用，让问题由面构成体。这样，学生就可以多层次、广视角、全方位地认识数学问题。

经验14：高数融合。我在教学中，特别注意加强高等数学的内容、思想、观点、方法和中学数学的联系，取得了较好的效果。一是介绍高等数学内容，可开阔学生知识视野；二是渗透高等数学思想，可培养学生思维能力；三是运用高等数学观点，可帮助学生理解教材；四是迁移高等数学方法，可提高学生解题能力。

我2011年12月发表在《人民教育》上的《我教数学的"土"经验》一文中的"成片开发"，与现在提倡的"大单元教学"理念，基本吻合。

**六、教育研究是基于经验的反思研究**

行动研究和反思把教师置于真实的校本情境中，通过研究教育教学过程中遇到的问题，提出解决问题的方法，促进教师的专业发展，让教师们做有思想的行动者。

学而不思则罔，教而不思则"盲"。适度反思，应成为教师工作的常态；做有思想的教育实践家，则应成为名师工作的追求。

教师反思，我们已经从多个层面讨论过，这里再强调五个点。

其一，教师反思就是"相信反思的力量"——善于反思才能超越自我。

其二，教师反思就是思考理念与行动的达成度，思考理论与实践的适切度。

其三，教师反思应是基于经验的反思研究，基于实证的反思研究，基于数据的反思研究。

其四，教师反思应当思考：我为什么做我所做的？我为什么这样做我所做的？我这样做的效果怎么样？我应当怎样进一步做好我所做的？

其五，思后方知教之法，思后方知教不足，思后方知教之本，思后方知教之变，思后方知教之魂。

我在《数学通报》上刊登了《全程渗透式数学学习指导的研究与实验》一文。"学习指导"就是我在数学教学实践中的成功经验。在此基础上我又通过反思，把"学习指导"深化到"全程渗透"，即渗透到学生学习计划、课前预习、课堂学习、课后复习、独立作业、学习总结、课外学习等环节。

我不仅要研究，还要实验。文中的"数学全程渗透式学习指导的几项教育统计与分析"一节，就是"研究与实验"。

统计对象：实验班，高一（2）班49人；控制班，高一（1）班49人。

实验方法与过程。1.实验自变量及其操作方法：在实验班进行数学全程渗透式学习指导，在控制班则不作要求。2.实验因变量测定方法：具体见各实验设计。3.无关变量的控制：两班学生综合水平和数学水平相当，科任教师水平无明显差异（近五年所教班级数学成绩相当）。

文中给出了 24 项统计分析，其中第 18 项为：10 位学生高一数学 4 次单元总结评分与其考试（期考）水平的相关性研究。

学生总结水平与考试水平的相关性研究

| 学生序号 | 1 | 2 | 3 | 4 | 5 | 6 | 7 | 8 | 9 | 10 |
|---|---|---|---|---|---|---|---|---|---|---|
| 4次总结水平平均分 | 92 | 90 | 87 | 81 | 80 | 75 | 70 | 68 | 66 | 60 |
| 期考成绩 | 86 | 80 | 84 | 90 | 89 | 77 | 74 | 60 | 58 | 62 |

其皮尔逊积差相关系数是：$r=0.88$，$f=10-2=8$，$\gamma(8)0.001=0.8721$。

$\because |\gamma|>|\gamma(8)0.001|$，$\therefore \gamma=0.88$★★★。

**分析与讨论**：上表显示学生数学总结水平与考试水平相关高度显著，这也验证了"学习总结是一种很好的学习方法"之说。

文末指出：

渗透指导是结合学科教学进行的，所以有个时机问题，应恰当选择渗透点，不失时机，精心渗透。渗透的方式是多样的，在不同环节中，渗透方式不同；在同一环节中，也有不同的渗透方式。只要能将渗透内容清楚传递给学生的方式，都可以采纳。教师在渗透指导中要有自己的独到设想，要有创造性。渗透指导要注意范围和深度问题。渗透某种方法，往往不是一次完成的，要让学生真正掌握，还应有一个过程，教师应有一个过程，教师应逐步扩大渗透范围和深度，使渗透指导的节奏有层次地进行。

这就是基于经验、实证、数据的反思研究的一个案例。

# 第五节　案例:"研"途风光

如果有人问我:"你是怎样由一个下乡知青成为一个教育名家的？"

我可能会这样回答:"原因很多,但最重要的一条是我进行了教育研究。"

一路走来,我在研究状态下工作,取得了不少成果。因为研究,班级管理能力上了几个台阶,数学教学成绩提高显著,数学竞赛获奖颇多,我得到了许多奖励;因为研究,学校发展步入人文化、科学化、智能化之境,实现学校现代优质转型;因为研究,我到了教育局后,能迅速掌握所分管工作的规律和要求,不断占领分管领域的制高点,不断跃上教育发展的新台阶;因为研究,退休后,仍"研"无止境……

## 一、研之初：长风破浪会有时

年少的我,并没有什么理想,更没有人告诉我如何设计自己的人生。我的最大理想是去当兵,其次就是当工人,因为那时读书似乎没有什么好的前景。想当兵、当工人没那么容易,高中毕业后就得下乡当知青。

知青生活是我一生的财富。

我无法想象,如果没有三年知青生活这段经历,我这些年能靠什么力量去面对一个个困难、去克服一个个困难。有了知青生活这段经历的打磨,今后再遇到什么样的磨难,我想我是能应对的。

1977年恢复高考,我匆忙复习,幸运地考上了师专。能考进师专,在我们那个知青点已经是很了不起的事了,我很知足。毕业后我被分配到龙岩一中,我是在不经意中当上了中学数学教师的。

初为人师的我，当一个班的班主任，教初一两个班的数学。没有指定哪个老师具体带我，班主任要干的活，由年段长布置；教学方面的事，由备课组长交代。

由于没有太多的条条框框，我的班主任工作干得"疯疯癫癫"。我会高效率地布置完学校交代的任务，然后组织学生开展各种活动。经常举办猜谜活动、科技活动、问题活动，寓教育于娱乐之中，增知识于谈笑之间，长智慧于课堂之外。这些活动对学生成长大有益处。

我的数学教学也"与众不同"。最大的不同就是每节课的思维量很大，几乎每节课都有数学游戏活动，课堂十分活跃，学生学习数学的积极性非常高。

总的说来，我的课充满趣味、充满方法、充满变化、充满数学思维、充满师生互动。我的学生几乎每节课都期盼我的到来，因为我来了，数学场就来了，思维就来了，灯谜就来了，美感就来了，激情就来了，诗意就来了。

就这样，愉快的三年过去了，我们班在中考中取得了优异成绩而优异成绩的背后更多的，是他们三年来形成的良好的品德和被激活了的智慧的大脑。

1984年初，我撰写的一篇数学教学经验类文章在一次地区级的学术会议上交流。当时的省教研室主任看见我那么年轻，又看我写了那样一篇充满激情的文章，笑着对我说："年轻人，你写得很有特色，从现在开始进行教育科研，将来一定大有出息。"说者可能无意，我却听了进去。

于是，我一边学习教育科学理论，一边就在学校里搞起教育科研来。我首先根据心理学对智力的阐述，开展对趣味数学与智力发展的研究，我在班级里进行实验后，撰写了《趣味数学与智力发展》一文，很快被华东师范大学《数学教学》刊用。这是我的杂志"首秀"，我兴奋、激动，我感到了自己的力量。

**二、研之辛：吹尽狂沙始到金**

有了第一篇论文带来的激励和信心，我又运用教育心理学的知识，在教学中注意激发学生学习数学的兴趣。浓厚的学习兴趣是学好数学的前提，学生有了兴趣，他们就会迸发出智慧的光芒。在此基础上我引导学生去探索新知识，让学生自觉去获取知识、发展能力。我把这些实践活动总结成一篇论文——《培养初中生学习数学兴趣的几点做法》，投寄给湖北大学《中学数学》，也很快发表了。1984年10月，我带着这篇论文参加了全国数学教学研究会学术年会。作为会议中最年轻的代表，我第一次受到数学教育界的注意。

两篇论文的发表和全国会议的参加，给了我极大的教育研究和教育写作的动力。曾有一段时间，我以为教育科研与教育写作就是这么一回事，也多少有点自满起来。

随后我以每两周一篇稿子的速度向报刊投稿，然而大量的退稿信也随之而来。无情的现实使我冷静下来，我陷入了深深的思索。我逐渐悟出了这样的道理：科研需要默默探索，长期积累，偶然得之。教育理论如果没有实践的基础，便会失去它的价值；而教育实践如果没有理论做指导，便会导致盲目实践。必须走理论与实践相结合之路！论文不是"写"出来的，而是不断实践、不断研究、不断探索出来的。

走出迷惘，天地一新。于是，我一方面埋头于各类教育理论书籍之中，努力提高自己的教育理论水平；另一方面，我置身于课堂和学生之中，不断获得鲜活的第一手材料。丰富的理论与生动的实践的有机结合这一教育科研真谛的获得，使我的教育科研之路越走越宽，研究范围越来越广。

偶然的机会，并非都有必然的成功；而必然成功的产生，是需要探索者抓住机遇，锲而不舍，锐意进取，不断超越才能实现的。

有一次我参加了全国性的"学习科学"会议。在返回的列车上，我一直在想，怎样才能为学习科学做点贡献呢？列车快到站时，忽然一个念头闪过我的脑海：我想写一些可供开设学习方法课的讲座稿。我在向老校长汇报会议情况时，顺便谈了自己的想法。老校长说："你干脆写本书吧，写出来我给你印。"

于是，我一边学习有关理论著作，一边整理自己给初中生的关于学法指导方面的讲座稿，接着便没日没夜地埋头写起书来。

那时家庭条件很差：没有空调，只有电风扇；没有大书桌，掀起草席，床板当书桌；没有复印机，我就在方格纸上，用复写纸一次写4张，生怕书稿投寄出去不退稿，好有底稿。就这样，穿短裤，打赤膊，坐矮凳，精心写，用力抄。

一个月后，当我把一摞整齐的书稿放到老校长面前时，老校长惊呆了。他说："我随便说的一句话，你真的把书给写出来了——《初中学习方法与能力培养》。好，真了不起！"

1988年3月，西北工业大学出版社出版了这本书，这是我的第一本书。

### 三、研之悟：梅花香自苦寒来

我在龙岩一中工作了17年，1996年被调往厦门工作。

我热爱闽西、热爱龙岩，热爱那里的山、那里的水，更热爱那里的人！

抉择是很痛苦的。

到厦门后，我才发现，厦门的教育与我的想象有很大的差距。最感到头疼的是厦门的学生，他们可不好教！闽西的学生，你给他一份练习，他设法做两份；厦门的学生，你给他一份练习，他要和你讨价还价。

我是新来的特级教师，各方关注我的人很多。我一来就在厦门双十中学教高三，我不敢多补课、不敢多布置练习、不能拖课。还担任备课组长，还要带青年教师，还经常有人来听课，还要回龙岩上奥数课，这工作怎么平衡？

必须真情奉献，全身投入；必须激活课堂，提高效率；必须渗透学法，精讲精练。当学生知道你是真诚地热爱他们时，他们的情感大门、智慧大门就会向你打开。学生的学习状态被我的真情所改变，学生的智慧被我的激情所激活，大家齐心协力、互帮互学、讲究方法、科学迎考，最终取得高考的好成绩。

1997年，我回到高一带学生，因为是起始年级，我就在所教班级做实验，将数学学习指导渗透于学生学习计划、课前预习、课堂学习、课后复习、独立作业、学习总结、课外学习环节中。我强调"全程渗透"，旨在强化教师在教学过程中全方位、多层次、广渠道地进行学习指导渗透，让"学习指导"像无声的细雨时时润入学生的心田。

　　可想而知，这届学生高考成绩又创历史新高！我的这项实验的成果发表在《数学通报》上，北京师范大学出版社出版的"教育家成长丛书"之一《任勇与数学学习指导》一书，详尽介绍了这项实验。

　　研究让我尝到了甜头，至少我能站在"巨人"肩上做好教学工作和学校管理工作。我还发现，我们只要对自己所从事的教育工作进行研究，渐渐地就会形成自己的思想，就不会人云亦云。因为教育工作复杂多变、涉及因素多，没有自己的思想，是很难有所创新的。

　　在双十中学，作为数学教师，我研究并践行了"数学多维教育"等实验；作为教研室负责人，我带领全校进行"全课程"（必修课程、选修课程、活动课程、微型课程、潜在课程和社会课程）实验研究；作为分管教学副校长，我带领我们的教学团队在"绿色迎考"获"省三连冠"的基础上，写成了《激活高考——高考管理的理性探索和科学实践》一书。

　　探索者不忘烛光，奋进者感怀路石。

　　厦门经济特区，为一个探索者照亮了前行的方向；厦门经济特区，为一个奋进者铺设了发展的平台。

## 四、研之道：绝知此事要躬行

　　正当省里准备让我推广"绿色高考"的经验时，组织上让我到厦门一中担任校长。

　　厦门一中是一所著名的近百年的老校，培养了一代又一代优秀人才。历史与光荣，是一任任校领导用科学的治校方略打造的；历史与光荣，是一位位一中的师生创造的。

我深知，当老一辈将接力棒传递给我时，我接过的是亮闪闪的荣耀和沉甸甸的责任。

面对一中的老师们，我激动地说："厦门一中有着光辉灿烂的过去，厦门一中理应有更加美好的未来。面向未来，一中人有太多的梦想和企盼；面向未来，一中人有更多执着和自信。我坚信，在各级领导的支持下，在老前辈的帮助下，在新团队的强有力的配合下，在全体教职工的合作下，我们将梦想成真，继续去创造更多的'第一'的事业。"

就这样，我融入了厦门一中。就这样，"教育科研"也伴随着我融入了厦门一中。

"学校不能建立在废墟上！"学校必须在继承中创新，在创新中提升，使新的办学理念自然"融合生成"。基于这一思路，我首先要感受一中文化，进而发扬一中传统，最终目的是要再创一中辉煌。"为发展而教育"就是在这样的调研、研讨和充分论证后产生的。

偶然乎？必然乎？

坚持教育研究，我有了一定的理论积累。经过综合辩证分析，引领团队积极认同，请教专家科学论证，于是，一个符合厦门一中历史发展特点的、既有传承又有创新的教育理念产生了："构建学习型、创新型、信息型校园，促进学生发展、教师发展、学校发展和社会发展，为发展而教育。"

我所著的"中国当代教育家"丛书之一的《为发展而教育》，全方位地记录了厦门一中这项全校性的教育实验。

在厦门一中期间，无论是学校的教育科研境界，还是我的研究水平，都有了质的飞跃，我们从一本书的三位专家的评价中可略知一二。

顾明远教授在我所著的《走向卓越：为什么不？》这本书的序言里有这样一段话："任勇老师应该算得上是一名教育家，他当过老师、校长、教育局局长，在长期的教育实践中，不仅积累了丰富的经验，而且领悟到教师成长的规律，提出了自己的教育理念。"

魏书生老师说："任勇老师是一位不断超越自我、追求卓越的学者型教师。他的经历与著作，多年来一直给我以激励与启示。读了他的新作《走向卓越：为什么不？》，感悟良多。他捧着一颗真诚的、善良的心，一遍又一遍地劝说：'优秀教师啊，你不能安于现状，要努力走向卓越。'他还毫无保留地讲解如何确定卓越的方向、选择卓越的途径，甚至包括走向卓越的细节。盼望越来越多的青年教师，在这本书的引领下，超越自我，踏上奔向卓越的旅程，将'？'变为'！'。"

肖川教授说："任勇先生对教育的热忱、探索和智慧在他的这本书中得到了卓越的体现。他的成长足迹告诉我们，作为教师，重要的是要有一颗开放、细腻和敏感的心，善于去捕捉教育生活中那些有意味的现象和事实，并用心品味。这样，我们就能够不断成长，不断发现生活与工作的乐趣和意义，从而拥有一种高贵生命形态。因为'优于别人，并不高贵。真正的高贵应该是优于过去的自己'。"

### 五、研之情：莫向光阴惰寸功

计划不如变化快，历史有时会惊人地相似。一个为了百年校庆的出差任务被取消后，上级来厦门一中宣布我被调到厦门市教育局担任副局长。

不想当老师的我，当了老师；走着走着，当了主任；走着走着，当了校长；走着走着，到了教育局，当了副局长。

这就是我的40年——从知青到局长；这也是改革开放后的40年，人生如歌、岁月如诗。

记得我到市里进行任前谈话时，市领导对我说："我知道你们名校校长来当局长，会有一些想法，不是很想，对吧？这很正常。但今天不是谈想法问题，而是如何面对一个更为广阔的教育平台，用你们的教育经历和教育智慧，去推动厦门教育的新一轮发展的问题。"

是啊，一个更大的教育平台。目标正前方，奋斗正前方。

我一下子进入了教育行政管理领域，同时我的"研究"视角也进入这个领域。

唯有确立正确的教育价值观、发展观和政绩观，才能用勇气和智慧办好人民满意的教育，做到"胸中有均衡，发展有侧重"，促进教育跨越式发展，推动区域教育优质化进程。

我分管多个部门，常规的、创新的、特色的工作，就不说了。这里说说我退休时同事对我的评价："任局到哪个部门，哪个部门就出科研成果。"

是的，在职成处我们编写了套"现代中职生丛书"，由厦门大学出版社出版。此套丛书由我主编，我也写了其中一部分正文内容，这套书的序言也都是我写的。

在学生安全处，我们结合实践写了《学校安全工作的有效预防和基本走向》《学生安全：家长可以做什么？》分别在《人民教育》《平安校园》上发表。我们还为中学生写了本《中学生安全教育读本》，谈了涉及学校安全的"22防"；为小学生写了本《保护我自己——少儿安全自助36计》，用四格漫画"描述"了涉及小学生安全的36个方面的问题。

在体卫艺处，我写了《学校体育门外杂谈》和《中小学体育竞赛指导的若干原则》，在全国学术会议上获奖。艺术教育是很值得研究的，我把研究成果写成《艺术教育的理性走向》一文，在教育部体卫艺司会议上演讲。我们狠抓健康教育，编写了《学生健康教育读本》。我们积极抓好校医队伍建设，我在校医会上提出校医的八个"走向"：从职业走向事业、从德能走向智魂、从规范走向创新、从自然走向自觉、从重点走向全面、从独管走向群管、从称职走向优秀、从制度走向文化。

厦门市教育科学研究院主抓"教研、科研、培训"。在教研上，我们每年资助十多本著作出版，让更多的教育新著得以出版；在科研上，我们对各类课题给予资助并帮助提升，出版了《研究让教育更精彩》等书；在培训上，我们全方位、多层次、多样化进行教师培训，我出版了《年轻教师必听的讲座》《优秀教师悄悄在做的那些事儿》等书，为教师培训提供了学习资料。整个厦门教育生态相对良好，各级领导说："厦门教科院，功不可没！"

中国教育学会副会长郭振有认为："一个好领导，就是一方好教育。"

我铭记之，我践行之，我探索之，我研究之，我心向往之。

**六、研之境：少壮工夫老始成**

朋友们常问我，退休后做什么？我感觉退休后，可以研究的东西还不少，多年的实践、沉思和积累，似乎在这一刻要"爆发"出来。

猜谜，寓教育于娱乐之中，增知识于谈笑之间，长智慧于课堂之外。我爱猜灯谜，退休后到一所学校去推广"每日一谜"，师生都非常喜爱，效果奇好。于是我写成了《灵性生长的课程力：校园益智灯谜》一书。

《优秀教师悄悄在做的那些事儿》一书，十分畅销，加印了30次。出版社又让我写一部关于校长的书，这不，《优秀校长悄悄在做的那些事儿》出版了。这下好了，出版社说，三本书才能算小丛书，再写一本"家长"的，读者想必知道这第三本书的书名了吧？

我几乎每年都要给不同层次的教师培训，我把讲稿分为"好教师教书之新境""好教师育人之新境""好教师学习之新境""好教师育己之新境"，写成了《觉者为师：好教师成长之新境》一书，主要内容在中国教育报好老师"教师共读周"新媒体平台推出。

我沉迷于数学益智器具研发。前些年我沉下心来，研发出从幼儿园到高中的300多个数学益智器具，已经投入产出，并同时在课题学校实验。我给老师培训时做了个"思维是可以玩出来的"的讲座，好评如潮，同名书也很快就出版了。

2020年的时候，我待在家里，正是写作好时机。这期间我写了《教育教学的辩证之道》《优秀父母悄悄在做的那些事儿》《师者之道：给教师的50个叮嘱》《寓教于谜，润物无声：特级教师趣说教育灯谜120例》《好校长大境界》《玩出数学脑的扑克游戏》《数学"玩育"之探》《幼儿趣玩100》等书。前四本已经出版，后四本正在排版。

还有许多新的研究，比如面向未来教育，似可研究走向未来的基础教育；比如学校要走向高品质，似可研究学校品牌发展的几个维度；比如课改走向"深水区"，似可研究益智课程和灵性课堂；等等。

还有读者手头的这本《名师之路，路在何方》，就是把这些年对"名师成长"的研究的一些东西整理出来，与大家分享。

"研"无止境，心向往之，行必能至。

# 第四章 行

实践活动是人的素质形成与提高的现实因素和关键因素，只有在实践活动中，人才能运用自身的已有素质，利用外部提供的条件、资源、环境，进一步提高自身素质。

实践出真知，实践长才干，实践育名师。教师实践，是教师的发现之旅、成长之旅。一个教师，只有立足长远、勤于实践、不辞辛劳、脚踏实地，在实践中探索、在探索中实践，才能逐步走向名师。

我们这里所说的"行"，就是指行动、践行、实践、实施等。

教育家顾泠沅说："真正的名师是在学校里、课堂里摔打出来的。"唯有在课堂里摔打，才能有教师真正的专业成长；课堂是名师成长的沃土，名师一定要在课堂里耕耘，一分耕耘，一分收获。

教育实践活动的作用，在于锻炼教师的实际工作能力，提高教师教育教学实践所需要的素质。名师实践的基本形式有三种：一是自己独立进行的旨在训练的准备性实践（所谓台下练功），二是有专家指导的旨在训练的准备性实践（所谓专家指导），三是针对学生的实施性实践（所谓台上练功）。名师，既是志存高远的楷模，更是脚踏实地的典范。只有先踏踏实实地沉下去，才能潇潇洒洒地浮起来。

近年来，有专家研究教师实践智慧及其养成，呼唤一种既可信

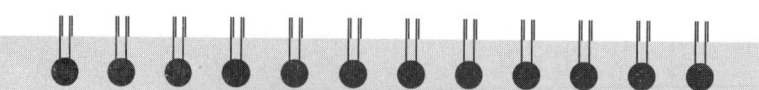

又可爱的教师实践，期待"力做一个实践智慧的拥有者"的教师形象。

事实上，一些名师已经具有这形象的雏形。

可信的教师实践，就是目前绝大多数教师忙忙碌碌、埋头苦干的实践，它是一种行动上的教育；而可爱的教师实践则是专家们循循善诱、苦口婆心提倡的实践，它是一种思想上的教育。专家调查发现，时下不少教师实践可信有余、可爱不足。教师实践要讲求合理性，单纯可信的教育或单纯可爱的教育都不是理想的合理教育，理想的合理教育是既可信又可爱的教育。

既可信又可爱的教师实践需要教师自我解惑，而自我解惑是需要教师实践智慧的；既可信又可爱的教师实践需要教师专业成长，而教师专业成长的内涵是教师实践智慧及其养成；既可信又可爱的教师实践是一种反思性实践。

## 第一节 理念：教师是教育理念的践行者

教师是教育理念的践行者，即教师的行动要有符合教育本真本原的理想与信念，要有自己的"诗和远方"。给你一个班，你要带出什么样态？我想说，给我一个班、给我两周时间，我要让学生眼睛放光——放智慧之光、放自信之光。这就是我的教育理念：全面发展，灵性生长，各造其极。

苏霍姆林斯基在他家乡所在地的一所农村完全中学——巴甫雷什中学践行他的教育思想，成为国际公认的著名的教育实践家和教育理论家；顾泠沅从"乡间的小路上"走向教育教学的巅峰，成为我国著名教育家。育人者"行走"在教育园地里，且行且思且悟，又步入新的"行"，如此循环，才能走向教育的新境界。

### 一、学习先进的教育理念

思想观念是行为的先导。教师的教育理念，决定着教师教育教学的行为方式，是教师做好教育工作的前提条件。

先进的教育理念，可以从教育的大政方针上获得。我们可以先品读一下国家重大会议文件中关于教育的论述——对比上次这个会议文件，这次的会议文件是怎么说的，专家又是怎么解读的，力争做到"心有大道"。

如党的二十大报告再次强调"发展素质教育"。田慧生认为："近30年来，素质教育经历了从实施素质教育、推进素质教育，到全面实施素质教育、发展素质教育的发展历程。"从素质教育发展的目标、重点、范围、动能、方式来看，全方位都有新亮点，都有新变化，都有新要求。

先进的教育理念，可以从重要的教育媒体上获得。重要的教育媒体有《中国教育报》《中国教师报》《人民教育》和中国教育新闻网等，它们都会及时传播有关教育理念的重要信息，教师要及时获取这些资讯。

如早年教育部推出"素质教育观念学习提要"，多数教育媒体第一时间刊出，至今在网上都能搜到。我想列出几条：教育的生机与活力，就在于促进学生个性的健康发展；能使学生生动活泼主动发展的教育，才是成功的教育；课程的价值在于促进学生知识、能力、态度及情感的和谐发展；研究性学习的意义，在于引导学生改变学习方式。

先进的教育理念，可以从教育专家"论道"活动中获得。近年来，各类主题的线上线下的"教育论道"活动多了起来，教师就可以选择一些感兴趣的主题，留出时间"用心聆听"。

如我在"中国教育三十人论坛"上，聆听了汤勇老师的"教育呼唤朴素"；在"至善学院"的论坛上，聆听了王福强老师的"做一个有思想的大教师"；在"明远未来研究院"的论坛上，聆听了何维泉老师的"向远教育：让师生过有意义的学校生活"；在"明德云教育"论坛上，聆听了王文湛先生的体育美育不等于素质教育；等等。

先进的教育理念，可以从教育学者著述中获得。许多教育专家、学者的著述，对先进的教育理念从不同的角度进行探索、实验和论证。我们往往能从书名读出一二，选择几本进行研读，一定会"获益良多"。

比如我读朱永新老师的《新教育之梦：我的教育理想》一书后，对理想的德育、理想的智育、理想的体育、理想的美育、理想的劳育、理想的学校、理想的教师、理想的校长、理想的学生和理想的父母都有新的认识。

又如我读余文森老师的《新时代中国课堂教学改革与创新》一书后，理解了下列问题：核心素养，是引领基础教育课程教学改革走进新时代的举措；从学科立场走向教育立场，是课程标准的重大变革；确立核心素养教学目标，是寻找教学的"灵魂"；从以教为主走向以学为主，是为了构建新型的学习中心课堂；从"坐而论道"走向学科实践，是为了建立实践型的育人方式；从知识点教学走向大概念教学，是为了推进大单元大主题教学；从学科孤立走向学科融合，是为了有效推进跨学科主题学习。

## 二、自觉在实践中完善教育观念

教师的教育行为，是教育观念支配下的实践行为。换句话说，教师的实践行为，能反映出教师的教育观念。先进的教育观念，能让教育"步入新境"；教师如果具有有问题或有瑕疵的教育观念，就要自觉在实践中修正或完善。

早年我们教书基本上是"教教材"。"教教材"没有错，但仅"教教材"就有问题，这就要更新观念，就要有"大教材观"——把握教材，吃透教材，激活教材，改组教材，拓展教材，超越教材。早年我们备课，多数是今天备明天的课。现在看来肯定是远远不够的，要终身备好每节课，至少要提前备好每个单元的课，甚至要备整个学期或学年或学段的"教学设计"。早年我们可能让学生作业"题海无边"，让学生频繁"刷题"。怎么改进呢？我们在当下实践中至少可以考虑"题根是岸"，让学生"触类旁通"……

以前我们把公开课上成精品课，磨出一节理念堆砌但毫无个性的课。现在我们也许会探索"如何让公开课成为常态课的精彩课例，成为理想课堂的范例，成为教学新探的案例"的问题。还可能提出"常态课偶尔不精品又何妨"这样的观点，甚至提出"教师可以上一些'不圆满'的课，鼓励学生去'圆满'"的见解……

再如我们总是考学生，但让学生"考老师"可以吗？我的教学实践告诉我"完全可以"。"生考教师"，是我在教学中的一个创意，也是我的数学教学主张。凡事倒过来想一想，也许眼界大开。让学生考老师，会有许多新的改变。学生是不是不太怕考试了？老师是不是更专业了？教学资源是不是更丰富了？学生的学习积极性是不是更高了？试一试，让学生考你几次，你和你们班级的学生都会有新的感受和变化。

### 三、形成自己的教育理念

"思想"是经过思考和探索而产生的思维结果，是人类行为的基石。巴尔扎克说："一个能思想的人，才是一个力量无边的人。"一个有思想的教师，才能最大限度地推进教育成功、促进自身成长和帮助学生成才。

在网络上搜索一下"教育思想"，我们会得到如下文字："教育思想是指人们对人类特有的教育活动现象的一种理解和认识。这种理解和认识常常以某种方式加以组织并表达出来，其主旨是对教育实践产生影响。如陶行知先生的'生活教育'思想，孔子的'因材施教'思想。"

一般而言，教育思想的类型包括教育理论、教育学说、教育思潮、教育经验、教育信念、教育信条、教育建议、教育主张、教育言论、教育理想等。

先进的教育思想，有助于人们理智地把握教育现实，能使人们依据一定的教育思想从事教育实践；有助于人们认清教育工作中的成绩和弊端，使教育工作更有起色；有助于人们合理地预测未来，勾画教育发展的蓝图。

教师教育思想如何提炼？

教师如何把有关教育、教学、管理等各种零散的想法进行整合，促使自己的教育思想和知识结构从隐性走向显性、从零星走向系统、从个别走向普遍，并逐步丰富和深化？

一是长期的理论积累。教师的教育理论积累，可能是通过职前学习获得的，可能是从事学科教学时获得的。这些"获得"有导师给予的，有自学获取的，有培训学得的，有前辈传授的。教师教育思想的产生，往往源于深刻的教育理论基础。

二是前期的实践探索。教育思想要和具体的教育实践相结合。这种实践，有些是教师作为学科教师或班主任时的实践探索，如我带班的"全面发展，各造其极"的教育主张；有些是将拟定的某种教育思想，在一定范围或层面上进行实践，探索其可行性，如我的"品玩数学"之探。

三是综合的辩证分析。教师在教育教学时，会有许多"举措"。综合分析这些"举措"的缘由、用意和效果，如果能明晰地指向某一思想，这思想就可以成为提炼教师教育思想的备选素材。

四是团队的积极认同。教师若思考出了一种自认为比较完善的教育思想，就应在提炼过程中将其含义在学校团队中进行传播，让团队成员积极分享和适度评判。这既是一种论证、认同的过程，也为团队成员今后践行这种教育思想打下基础。

五是真实的教育科研。真实的教育科研是接地气的，是能理性探索教育问题的，是能破解教育发展难题的。真实的教育科研有利于教师教育思想的深化、细化和优化，基于教育科研所生成的教育思想往往是丰富而深刻的。

六是专家的科学论证。专家总的说来是见多识广的，是学识丰厚的，是理性思辨的；而教师由于种种原因对所要提炼的教育思想，或思考不够，或定位不准，或含义不明，所以请专家来论证是不可或缺的。

七是恰当的语言表述。教师教育思想的表述是十分重要的。教育思想的表述要符合先进的教育理念、要简明、要清晰、要易上口，若还有一点文采那就更好了。建议教师在正式推出自己的教育思想前，请教育专家、语文教师"把把脉"。

八是实施的修正完善。教师教育思想在指导学校办学的过程中，如果出现一些偏差，遇到一些困难，听到一些"微词"，甚至是一些质疑声，就要对原有的"教育思想"进行修正和完善。

# 第二节　标志：名师是不能没有主张的

教学主张包含教师个体的教学价值、教学信念和教学思想，是教师打开专业成长的"天眼"，是名师教学的内核和品牌，是名师"教育自觉"的关键性标志。我教数学，渐渐形成了"好玩—玩好—玩转—玩味"的"品玩数学"的教学主张，让全班学生都能感受到"数学好玩"，让绝大多数学生能"玩好数学"，让部分学生步入"玩转数学"和"玩味数学"之境。

余文森老师曾说过："名师区别于优秀教师的，便是自己的教学思想，其核心标志就是教学主张。"他还特别强调，教学主张是名师的个人理论，它来源于实践又高于实践。

## 一、从混沌状态到有教学主张

基于教师自身的个性特质，提炼自己的教学主张，进而形成独特的教学风格和教学思想，成长为富有个性的教学名师，这是教师专业成长的必由之路。实践表明，教学主张是教师教学的独特视角，是教师形成教学风格和教学思想的基石。可以说，教学主张是推动教师从平凡走向优秀，从优秀走向卓越，从而实现自我超越的专业生长点。

普通教师要不要有"教学主张"？特级教师李吉林说："小学教师，如果有自己的思想和教育主张，那么，他就可以大言不惭地说：'我是一个思想者。'"李老师的话告诉我们，普通教师也应有自己的教学主张。从这个角度上说，名师更应是"有教学主张"的教师。

李竹平先生写过文章《教师没有自己的教学主张是十分可怕的》，文中有这样一段文字："一线教师——教师在一线，更在前线——直接面对学生，肩负启蒙的重任，如果没有自己的教学主张，何以启蒙？何以成人？我们知道，并非与众不同、另辟蹊径的教学思想和主张才是'自己的'思想和主张。'自己的'思想不是胡思乱想，'自己的'主张也不是乱放厥词，而是在经历了吸纳、判断、甄别、实践、反思的基础上形成的对教育教学的自我理解，进而内化为自己所秉持的教育教学理念。无论是在知识教学还是思想启蒙上，我们都呼唤有思想有主张的教师，没有自己的思想和主张的教师是无法胜任的。"

余文森教授认为，中小学名师的教学理论研究就是对自己教学主张的理论论证，它要求教师暂时搁置自己的实践和经验，在理论的高度和轨迹进行系统和抽象的论证与阐明，从而把自己的教学主张阐明得深刻、清楚、丰富，有逻辑性、有思想性。这个过程对一线教师是个巨大的挑战，但是名师必须接受这个挑战，并在这个挑战中实现自我突破、自我超越、自我提升，这样才能从普通教师走向教育家。

这些观点鲜明的文字，再次让我们认识到，名师是不能没有主张的。

教学主张是名师"教育自觉"的关键标志。名师应当是思想者，是"反思性实践家"。思想者、反思性实践家存在的价值之一，就在于思想。而教学主张正是对教育教学深刻思考后所形成的一种见解、一种思想。这不仅表达了教师对事业、对学生热爱的情感上的自愿，也表达了理智上的自觉。这种自愿与自觉，正是教师对理想教育的追求，表现为教育自觉和自由。具有教育自觉的教师才会有追求，也才会有行动；有理念，理念才会逐步成为信念；有实践，实践才会逐步成为实验。可以说，教学主张是从教育自觉的根上长出来的鲜亮的绿叶。一个缺乏教育自觉的教师，很难成长为优秀教师。

成尚荣先生强调，名师应当有，也必须有自己的教学主张。他认为，教学主张是名师产生和保持影响力的重要原因，是具有影响力的名师与一般名师的显著区别；教学主张是一种个性化的教学见解，它坚定地指向教学改革的实践；教学主张植根于教育思想，是教育理念的深化与聚焦；教学主张是对学科和教学特质深度开发后的独到见解；教学主张坚定地指向实践，但又是实践经验的理性概括和提炼；保持教学主张与教改实验互动的张力，能使教学主张成为一种现实。

普通教师要形成自己的教学主张，主要有两条路径：一是实践路径。在教学实践中萌生自己的教学主张，再借助理论学习，边做边学，边实践边研究，不断改进和完善，最终形成自己的独特的教学思想和教学方法。二是理论路径。通过开展课题研究，提出自己的教学假说，借助先进理论和大量的实验验证，完善和发展自己的教学主张，进而形成自己的教学思想和教学方法。无论是实践路径还是理论路径，虽侧重点有所不同，但它们其实都强调理论与实践的结合、注重教学主张的创新性和实效性。

郭春芳等老师在《中小学名优教师教学主张：内涵、价值与形成》一文中，对名师教学主张的凝练，提出"五要"：要有扎实的理论基础，要有丰富的实践经验，要有系统的研究反思，要体现教师个性特点，要经过长期磨炼。

说到具体的教学主张，提到李吉林，我们自然而然会想到她的情境教学；而讲起王崧舟，我们就会不由自主想起他的诗意语文。还有邱学华的尝试教学、孙双金的情智教学、张思明的数学课题学习等。

其实，教学主张的最大价值在于对它的寻求过程。在寻求教学主张的过程中，教师必然形成了主动学习、主动实践、主动反思内化的意识与能力。在这一过程中，他会不断从教学经验走向教学理论、从教学思考走向教学思想。

余文森教授说："教学主张是教师打开专业成长的'天眼'。"

愿有更多的教师，及时打开这个专业成长的"天眼"，成为有教学主张的教师，成为有教育思想的名师。

## 二、教无风格，何以立教？

所谓教学风格，是指教师在长期教学实践中逐步形成的、富有成效的一贯的教学观点、教学技巧和教学作风的独特结合和表现，是教学艺术个性化的稳定状态之标志。

教学风格是一切教学艺术家刻意追求的最高境界，是教师教学思想的直接体现，是教师教学上创造性活动的结果及其表现，是教师在教学艺术上走向成熟的重要标志。

雨果说："如果没有风格，你可以获得一时的成功，获得掌声、热闹、锣鼓、花冠、众人陶醉的欢呼，可是你得不到真正的胜利、真正的荣誉、真正的桂冠。"从古至今，但凡成功的作家、艺术家，无不具备自己独特、鲜明的风格。作家、艺术家如此，教师亦然。

教无风格，何以立教？名师要有自己独特的教学风格，没有风格的教师也不能成为名师。教师教学风格的形成，大致要经历模仿学习、独立探索、创造超越、发展成型四个阶段。

### 1. 入格——模仿学习阶段

模仿学习阶段，是教师吸收和积累教学经验并迅速提高课堂教学水平的阶段。在这个阶段中，教师自己的积极思考和周围的评价活动以及教学研究活动会越来越多。教师随着教学实践活动的深入，不断吸收他人的成功经验，独立处理教学中的相关问题的意识和能力不断增强，教师课堂教学的能力也会不断增强。

### 2. 立格——独立探索阶段

独立探索阶段，是教师教学风格形成与发展过程的构建阶段，是教师课堂教学艺术个性外化的探索与实践阶段。这一阶段，伴随教学经验的积累和教师教学自立意识与能力的增强，教师开始逐步摆脱他人教学模式的影响与束缚，在教学中的主观能动性开始占据主导地位。

### 3. 破格——创造超越阶段

在创造超越阶段，教师教学的特点突出表现在教师对常见的教学方式方法的改革探索。此时，他能够以自己的创造性行为对一般常用的教学方式方法进行独具特色的灵活运用，能自觉探索和研究教学结构、教学方法的最优化，追求最佳的教与学的效果。

4. 别具一格——发展成型阶段

在发展成型阶段，教师的教学艺术呈现出浓厚的个性风格色彩，被锤炼成为一种在教学中经常反复表现出来的个性化的教学模式。教师对教学艺术的刻意追求达到了一种最高的境界，在教学过程的各个环节都有着独特且稳定的表现。这标志着他的教学艺术风格的形成。

上述每个教学发展阶段都有自己的特点。各个发展阶段的顺序不能颠倒，并且从一个阶段发展到下一阶段，都需要有必要的主客观条件。在这种顺序的发展过程中，教师教学的模仿性因素越来越少，而独创性因素越来越多。独创性因素达到了一定量的积累，才可能引起质变，从一个阶段发展到下一个阶段，最后形成自己的教学风格。

周荣铨先生还提出一个新的观点：无格之格——教学的最高境界。

他认为，无格之格是教学风格的最高境界，也标志着教师已成长为一个成熟的教学艺术家。教师此时的教学已经不拘一格、不拘一式、不限一法，达到炉火纯青的地步。教学有法而无定法，无法之法乃为至法，无格之格才是至格，这是教师的毕生追求。这一阶段，教师的教学从内容的处理、方案的设计到方法的选择、过程的组织，都表现出多样性与稳定性、灵活性与独创性的有机结合与统一。

风格之道在乎"学"，风格之道更需"创"。师者，应从"学"与"创"入手，努力形成自己的教学风格。

### 三、教学主张与教学风格

许多老师对"教学主张和教学风格的关系"很有研究，我们听听他们的分析，就能避免"为主张而主张，为风格而风格"的现象。

成尚荣老师认为，教学主张与教学风格，是名师成长的核心和关键；教学主张，一定是教育思想、教育理念的具体化，是个性化的教育思想和教育理念；教学主张引领下的教学风格追求，是名师成长的重要抉择；思想是教学风格的血液，提炼教学主张会让自己站到自己发展的制高点上去；教学主张与教学风格的形成永远是一个过程，围绕主张与风格读书，实践，反思，研究，调整，聚焦，这应当是最佳路径。

成尚荣老师特别强调："思想的深刻，才会带来风格内涵的厚度；思想的张力，才会带来风格的意蕴与魅力；思想的鲜明性，才会带来风格的独特性。"因此，从锤炼教育思想出发，才可能避免为风格而风格的现象，也才能克服风格的浅表与平庸。

教学主张与教学风格谁是"先生"？

王春宝老师在《教学主张与教学风格关系之辩》一文中认为，从教师的成长历程来看，应该先有教学主张，哪怕朦胧一点。然后在相关理论的支撑下，在实践的检验下，最终走向教师发展的终极追求，形成自己的教学风格；教学风格应该以教学主张为支撑和依托，教学主张越明确、越具体、越系统，越有利于教学风格的形成；如果说教学风格是树，那么教学主张便是这棵树的干，如果树干不立，恐怕就谈不上枝繁叶茂、绿树成荫；教学主张与教学风格的形成，都是过程的结晶。

吴宝席老师在《教学风格的价值取向：从教学信念到教学主张》一文中也有类似的观点："一名教师要形成自己的教学风格，就要在一定的教学信念指导下，提出自己的教学主张，探索符合自身个性特点的教学方式、方法和技巧，进而在持之以恒的坚守中形成自己的教学风格。"

丁桂昌在《风格、主张及其他》(《教育视界》编后语)中说道："风格与主张，是当下教育界火热而带有点时尚的两个关键词，它们可说是孪生兄妹。在专业成长的途中，凝练自己的教学主张，逐步形成自己的教学风格，是一件奠基性的工作。本期教师发展专栏，我们集中刊发了几篇关于教学主张的文章，供大家学习讨论。但现在的确有这样一种倾向令人担忧，为了主张而主张。"

我们应当切记,课堂教学毕竟不是艺术创作,而是一种指向人的发展的精神活动。因此,彰显教学主张,千万不能成为个人的思想秀、沦为一种无病呻吟的个人包装。

无论是教学风格形成还是教学主张凝练,都不要忘了为什么出发——不但是为了我们的专业发展,更是指向更有效的育人方向。

## 第三节  境界：愿天下教师皆有魅力

魅力之师，往往为同人所仰慕，为学生所欢迎，为社会所赞叹。

有魅力的教师，学生就喜欢亲近，学生就能听其教诲。教师的魅力指数越大，对学生的影响力也越大。

杜甫自谓"语不惊人死不休"，他对诗歌语言的刻意求工、对文学创作的严肃认真态度，是他成为伟大诗人的重要条件之一。将"语不惊人死不休"这句诗套用到教师身上，我以为一位成长中的优秀教师理应有"教无魅力誓不休"的追求，力争让学生喜欢你。

**一、研魅力之因**

魅力教师，魅力何在？我觉得至少应体现在学识、人格、教学、形象、语言等特征因素上。

1. 学识特征

魅力教师的学识特征，体现在魅力教师具有扎实的基础知识、宽厚的教育科学知识、精深的专业知识、广博的文化知识和能不断获取的新知识。

扎实的基础知识。基础知识包括哲学、语文、外语、数学、物理、化学、生物、历史、地理、音乐、美术和计算机等基础知识，魅力教师对这些知识往往能准确掌握、深刻理解、牢固记忆、灵活运用。

宽厚的教育科学知识。魅力教师对教育学、心理学等知识有较深刻的领会，能深刻理解和熟练运用教育科学理论，根据教育规律和受教育者的身心特征进行教育、教改和教育实验。

精深的专业知识。魅力教师能对本专业知识了如指掌，并能熟练地运用本专业知识去分析问题和解决问题。魅力教师往往还通晓本学科的发展史，了解本学科发展现状，预测本学科的发展趋势和作用，能在教学中渗透学科最新成果。

广博的相关科学知识。现代科技发展的总趋势是"高度分化"和"高度综合"的统一，其结果是新兴学科、交叉学科、边缘学科、中间学科等大量涌现。魅力教师深知，一个对新兴学科的相关知识一无所知或知之甚少的教师，是很难适应时代对他的要求的。

能不断获取的新知识。如今，"要给学生一杯水，老师要有一桶水"已远远满足不了时代的要求。魅力教师深知，我们需要的是滔滔不绝的"长流水"。为师唯有筛滤旧有，活化新知，积淀学识，才能培养出善于终身学习的新一代。

2. 人格特征

魅力教师的人格特征，体现在魅力教师的为人师表、举止优雅、追求完美和律己宽人。

为人师表。魅力教师能不断学习，加强自身修养，提高思想认识和道德觉悟，平时严格要求自己。为人师表的人格力量对学生良好思想道德的形成起着有力的促进作用。

举止优雅。魅力教师往往具有高雅、文明的言谈举止，他们注重修养，处处给学生做出表率。魅力教师言教辅以身教，身教胜于言教，其一颦一笑、一举手一投足都会产生意想不到的教育作用。

追求完美。从某种意义上说，魅力教师的成功之路，是一条追求完美之路。魅力教师常常在不断自我认识、自我批评、自我校正、自我监督、自我修炼、自我突破中完善人格形象。

律己宽人。魅力教师律己，在律己中走向完美；魅力教师宽人，在宽人中和学生达成信任。魅力教师的宽人，像一缕阳光，让学生感到温暖；像一丝春雨，让学生感受滋润；像一粒爱的种子，在学生心中萌芽。

### 3. 教学特征

魅力教师的教学特征，体现在魅力教师的教学是情知交融、心灵相悦、动态生成和真实有效的。

情知交融。在教学中，魅力教师十分注重知识的传授、能力的培养和方法的渗透。但魅力教师更注重对学生的情感熏陶并用情感浸润学生的心灵，让学生在情知交流的空间中汲取人生所需的养分。

心灵相悦。魅力教师的课堂魅力体现在教师与学生的相互对话与分享，共同探究发现、共同面对疑难、共同快乐成长。课堂成为师生之间的精神家居、心灵依托的场所、生命成长的乐园。

动态生成。魅力教师的课堂是动态的，是多维、开放、灵活、生动的。动态的课堂，是建立在课前充分预设、精心设计的基础上的。教学过程是自然地生成的，课堂能焕发出生命的光彩，师生能收获未曾预料的精彩。

真实有效。魅力教师的课堂，不是花架子的课堂。魅力教师的课堂是融"基础训练扎实，思维拓展丰富，教学活动真实，教学质量有效"为一体的课堂。名师课堂是参与度、亲和度、自由度、整合度、练习度、延展度有机结合的课堂。

### 4. 形象特征

魅力教师的形象特征，体现在魅力教师的内在涵养和外在形象方面，而内在涵养又是通过外在形象展现出来的。

有人认为，教师的形象魅力，表现为教师优雅的风度、脱俗的气质、优美的语言、整洁的衣着、端正的外表、和谐的动作表情、工整潇洒的板书、活泼开朗的性格以及谦逊宽容的态度。

也有人认为，教师的形象魅力，表现为具有表情得体、目光自信、心态阳光的健康之容和干净、得体、美观的适宜之貌，表现为具有善良宽容、有爱心、有责任感、有正义感、机智幽默、极富号召力的性格之品，表现为文明、优雅、敬人、有度的行为之举。

还有人认为，教师的内在形象，表现为聪明、能干和智慧，礼貌、谦恭、优雅、友善和富有同情心；教师的外在形象，表现为健康有活力、整洁不庸俗、语言甚优美。

### 5. 语言特征

魅力教师的语言特征，体现在语言音色优美、语速适中、音量适度、停顿合理、语调丰富、语气生动、节奏鲜明。

有人说，魅力教师的语言是一种技术，更是一种艺术，曼妙、细腻、唯美、豪迈；魅力教师的语言是一种知识，更是一种思想，深邃、练达、智慧、仁爱；魅力教师的语言是一种功力，更是一种品位，情趣、意境、修炼、魔力。

魅力教师的语言是一种抑扬顿挫的节奏美，一种诙谐幽默的机智美，一种声情并茂的情感美，一种逻辑严密的理性美，一种启迪心灵的道德美。

魅力教师的语言，有的简约严谨，有的质朴平实，有的清丽鲜活，有的庄重典雅，有的繁丰疏放，有的委婉诙谐，有的雄浑刚健。

流畅、生动、清晰、准确是教师语言的基本要求，而以情激情的语言感染性、深入浅出的语言启发性、寓教于乐的语言趣味性、严谨准确的语言规范性和机智敏锐的语言灵活性，则是对魅力教师语言的更高要求。

## 二、悟魅力之道

魅力之道，道在何处？我以为，在于全面之中显特色，在于专业之外修"副业"，在于严谨之处有幽默。

### 1. 在素质全面中彰显特色

魅力教师，首先是素质全面的教师。育人上，循循善诱，教育有方；教学上，严谨治学，精心施教；科研上，联系实际，探索规律；竞赛上，深入浅出，效果凸显；课外活动上，引趣引深，方法得当。

魅力教师，不仅要素质全面，还要彰显特色。

比如修炼绝活，彰显特色。语文老师的诵功——对古诗词的吟诵，书功——写出一手漂亮字，写功——写出一篇篇美文；若还能成为灯谜对联之类的专家，则更是妙不可言。数学老师的算功——复杂算式的计算能力，画功——能信手画出各种几何图形，妙解之功——对问题的一题多解，善变之功——对问题的一题多变；若还能成为趣味数学的专家，就能成为更受学生欢迎的老师。

比如，张扬个性，彰显特色。好教师往往是有个性的，有个性的教师才会培养出有个性的学生、才会孕育出有个性的教育。一个个性张扬的教师，一定拥有一个积极的态度、一个活跃的思维、一种昂扬奋发的精神、一种不怕挫折的意志。这样的教师一定是独立的，而不是顺从的；一定是协作的，而不是孤僻的；一定是锐意进取的，而不是自甘落后的。

在上一节中，我们已对教师的教学风格展开了详细说明，在此不再赘述。

2. 在修炼专业中略修"副业"

所谓修炼专业，是指教师在整个专业生涯中，通过终身专业训练，习得教育专业知识技能，实施专业自主，表现专业道德，并逐步提高自身从教素质，成为一个良好的教育工作者的专业成长过程。

所谓略修"副业"，是指教师在其专业之外，还有自己的一些爱好，不受专论或单一思维的限制。广博的爱好使教师品位高雅、教学富有情趣。

教师的专业修炼有多条途径。比如师生共建和谐学习环境——在师生互动中发展；教师参与课程开发与实践——在课程开发中发展；教师即研究者——在行动研究中发展；构建教师实践共同体——在教育实践中发展。但教师的专业发展要持续进行的话，我以为还应以学习力量推动教师专业发展。

推动专业持续发展的教师学习，是怎样的一种学习呢？

教师的学习是基于案例的情境学习；教师的学习是基于问题的行动学习；教师的学习是基于群体的合作学习；教师的学习是基于个体的自主学习；教师的学习是基于原创的研究学习；教师的学习是基于经验的反思学习。

魅力教师不仅要在专业上发展，还要在专业发展中略修"副业"。学生对教师专业之外的"副业"往往充满好奇,教师的"副业"往往也能成为学生喜欢这位教师的理由。

当数学教师用诗歌来描述数学现象时,当语文教师以理性的视角来阐述某个科学之谜时,当体育教师随手画出生动有趣的漫画时,当英语教师用多种泳姿劈波斩浪时……带给学生的是什么?

### 3. 在严谨教学中不失幽默

教育是一种科学,科学的意义在于求真,所以教学必须追求严谨。

但教育还是一种艺术,艺术的意义在于创新。教学永远是不完美的艺术,但追求有魅力的教学,是所有教师的共同愿望。幽默艺术是一种教学艺术。

魅力教师往往是具有幽默感的教师,他们在严谨的教学中不失幽默,因为"幽默是一个好教师最优秀的品质之一"。教师的幽默,能拉近与学生的距离,能给学生以思维的启迪,能创设充满激情的课堂,能营造愉悦的课堂境界。

真正的幽默,是在丰富多彩的教学活动中表现出来的,是亦庄亦谐、内庄外谐、寓庄于谐的。"庄"指幽默的严肃性、深刻性、抽象性、知识性、真理性、科学性;"谐"指幽默的趣味性、感染性、机智性、含蓄性、艺术性、审美性、启发性。"庄""谐"之度,运用之妙,在乎一心。教师适时地"幽"他一"默",就能让课堂妙趣横生,学生也能心智开启,回味无穷,身心愉悦。

## 三、修魅力之能

魅力之能,如何修炼?在我看来,于教师,当"教无魅力誓不休";于学校,当"营造氛围建平台";于区域,当"研究期待给空间"。说明一下,名师成长的"学校建平台"和"区域给空间",并不是教师自己要努力的。但我们在这里顺便提出来,供教师给相应的主体适时提建议。

### 1. 教师:教无魅力誓不休

前文我们提到了杜甫的"语不惊人死不休",将这句诗套用到教师身上,我以为一位成长中的优秀教师理应有"教无魅力誓不休"的追求。

美国"全美教师团队"年度评选标准是：优秀教师要有让学生喜欢上你的本领；做学生喜欢的教师，做受学生欢迎的教师，让学生乐于亲近、喜欢你。倘若学生抗拒你，你又怎么可能成为优秀教师呢？

学生是否喜欢你？是否喜欢你的课？你可以做个小实验：让班主任或别的教师通知学生，说你有事，你的课改为自习。你请老师观察一下，这时学生是"一声叹息"，还是"欢呼雀跃"？

如果学生"一声叹息"，那你就该思考，你的课堂还是学堂吗？你的"教学田园"还是乐园吗？初为人师的我，刚开始教书的时候毫无魅力可言。我问学生喜欢什么样的老师时，他们说，喜欢风趣的、幽默的、会玩数学游戏的。我就开始收集、研究数学趣题和数学游戏，学生兴奋啊，眼睛放光了，大脑清醒了。到后来，他们会看我上课时有没有拿个布袋，如果有，那布袋里一定有好玩的道具；没有布袋，就看我口袋鼓起来了吗，如果鼓起来了，口袋里一定是扑克牌……那段时间，学生每天都盼着我来上课。

2.学校：营造氛围建平台

在学校里，魅力教师并不一定都是优秀教师。有些魅力教师，不仅有人格魅力和学识魅力，而且还工作得力，这样的魅力教师是比较理想的教师。但也有相当一部分魅力教师，怪才者有之，个性强者有之，爱给学校提意见者有之，偏激者有之。学校应为这些教师营造一种宽松、包容的氛围，发现这些教师的魅力、欣赏这些教师的魅力，尽量让他们的魅力得到认可，尽量让他们魅力永葆青春。

学校可以在教师中开展每年一度的"我身边的魅力教师"活动，可以在学生中开展"我喜欢的魅力教师"活动，可以在家长中开展"我们眼中的魅力教师"活动。

学校注意宣传优秀教师或师德高尚的教师，这是应该的，但也是不够的；还应开辟新平台，宣传学生喜欢的魅力教师。优秀教师或师德高尚的教师，评选标准既有"全面"的要求，又有"高度"的要求，还有名额的限制；而"魅力教师"评选标准相对比较宽泛、比较灵活，不求"全面"，只求某个方面"突出"，一般也没有名额限制。这样就能让更多的教师"获此殊荣"，从而能使更多的教师受到激励。这种来自同事、学生、家长发自内心的带有民间色彩的"口碑"，往往比来自上级的带有官方色彩的"奖杯"更能给教师带来特殊的激励和特别的感受。

### 3. 区域：研究期待给空间

这里说的区域，主要指教育行政部门。实话实说，教育行政部门对研究魅力教师、发现魅力教师、欣赏魅力教师的工作做得很不够。我们经常见到某个区域"要培养××名特级教师，要培养××名省级名师，要培养××名省级学科带头人，要培养××名专家型教师"的提法，但基本上看不到"要研究教师魅力，要发现教师魅力，要欣赏教师魅力"或是"要为教师营造施展魅力的舞台，要期盼更多魅力教师的涌现"的提法。

教育发展到今天，在我看来，在一个区域里是应该着手研究"教师魅力"这个问题了，并应积极创设条件，发现一批魅力教师，推出一批魅力教师，给魅力教师更多的空间——"你有多大的魅力，我们就给你多大的舞台。"

只要动脑筋，方法还不少。比如可以在区域的教育网站上，让教师自己晒一晒自己的"绝活"，让同事发现身边的特色教师，让各校的学生分别推出他们的魅力教师。又如可以在媒体上介绍魅力教师的魅力之处，可以让学生说说感动他们或吸引他们的魅力教师，努力营造"师者有魅力，大家赞赏之"的氛围。

时代呼唤魅力教师，愿天下师者皆有魅力。

## 第四节 经验：在教育实践中积累智慧

实践是一切智慧的源泉。

教师的实践智慧是十分丰富的。优秀教师在注重积累的基础上，往往还特别注重积累自己和他人的教育实践智慧。同时，他们对这些实践智慧往往会灵活地加以激活、整合和运用，从而生成新的实践智慧。

我们这里主要讨论教育实践中的智慧积累、班主任实践艺术和教育实验问题。

### 一、积累教育实践智慧

有学者认为，教师的实践智慧包括下面三个方面的含义：

一是教师对教育合理性的追求。从教育主体看，它要求教师在经验和公共教育理论之间有意识地建构合理的个人教育理论；从教育过程看，它要求教师把课程文本当作师生进行"理解"的引子，在师生已有理解的基础上建构共有知识；从教育评价看，它要求教师对学生进行基于形成性评价的终结性评价。

二是教师对当下教育情境的感知、辨别与顿悟。教师打破对教育常规的过分依赖，在教育教学中有了"自己的视角"；教师树立了在教育情境中的反思意识，在教育教学中能"想清楚了再做"；教师确立更具弹性的新教育常规，在教育教学中能"心有常规，不唯常规"。

三是教师对教育道德品性的彰显。在目的维度上，教师要注重学生在德、智、体和知、情、行等方面的共生共长；在关系维度上，教师要在课堂教学和主题活动中发展互动意义的师生关系。

《做有思想的行动者》一书，是上海一批教育科研专家对20位研究型教师的成长进行研究的案例研究成果集。书中的总论指出，"研究型教师成长的七大要素"中的第三条是"经验积累"，具体分四步进行。

第一步，积极实践。要积累实践智慧，首先要有经验之源，而积极实践能让教师增加经验积累的素材，丰富个人的体验。其中，多看、多想、多做，是研究型教师积极实践的集中表现。多看，就是博采众长，利用一切机会学习同行的实践经验；多想，就是在自己实践和"看"同行实践经验之后，不断比较、鉴别，统整先进经验，形成自身的个性化经验；多做，就是不满足于清谈，不满足于接受，而是在了解和沉思的同时付诸行动，在实践中真正把握所听懂、所理解的东西。这种看、想、做，是主动的、积极的，是出自专业发展的一种自觉行为。

第二步，勤于记录。实践经验要显性化、文本化，记录是必不可少的。这些记录，可以是报刊上读到的，可以是平时教育教学发现的，可以是参加各种研讨、观摩活动时见到的；这些材料是利于保存、便于提取的，也是值得回味和有待加工的。随着现代信息技术的普及，许多教师在网上开设了个人教育博客，把记录的内容和大家分享，从而使记录的意义进一步扩大。

第三步，善于整理。整理，就是对实践经验的条理化和系统化。整理，其实是在筛选的基础上进行归类和储存，这样可以去粗取精、去伪存真，并便于随时提取。这是知识管理的初步过程。一个好的知识管理体系，往往能体现思维加工的水平，体现条理化、系统化的水平，甚至还能体现教师对经验的理解、认同和理性思考的水平。

第四步，回归实践。在原有经验的基础上，通过不断再实践，给经验赋予新的意义，并不断创造出新的经验，使经验得以提升和增值。再实践，是指教师个人经验在加工整理后，再回到实践中接受检验和持续完善，不断建构不断提升；再实践，还意味着经验的有意识传播与推广，在更大的范围内接受实践的检验，扩大实践经验的效益；再实践，不是简单的重复，而是基于"原实践"的理性介入的再探索。

优秀教师积累实践智慧是会比一般教师更为主动的，他们非常关注实践经验的加工和积累，他们往往能从当下的经验中捕捉更深层的意义和其中蕴含着的关于未来的意义。

老师们，请积累实践智慧，这些智慧是"新智慧"之母。

### 二、优化带班实践艺术

班主任是学生成长过程中的重要他人，是一个班的组织者、领导者和教育者，更是学生成长过程中的引路人。班主任工作是教师教育实践的重要一环，名师是从优秀班主任走过来的教师。

中国教育界传奇人物魏书生老师是著名班主任，《班主任工作漫谈》是魏老师的经典著作之一，畅销30年；著名教育家孙维刚老师，他写的《我的三轮教育教学实验》一书，展示了他作为班主任和数学教师，从初一年级至高三年级进行的大循环实验创造的奇迹；新生代实战派教育专家万玮，出版的《班主任兵法》一书曾登上各地畅销书排行榜，在广大教师和家长中引起轰动，被称为"教育励志圣经"。

我家书架上，就有好几本《做一个××的班主任》，"××"有的是"智慧""聪明""专业""全能""得力"等，有的是"会偷懒""不再瞎忙""家长喜欢""老练"等。这些书中的理论与实践都是班主任可以学习借鉴的。

班主任工作的"广、难、杂、变"，考量着班主任的实践智慧。我们要积极作为，主动作为；做一成一，成一优一；增强信心，借石攻玉；多元并举，条块结合；人文育德，精细管理；科学育心，情智交融；不骄不躁，有序实施。

### 三、提升教育实验能力

教育实验是教育实践走向理性探索的一条有效路径，是教育研究遵循学术规范的一种基本方法。当下，有许多冠以"实验"之名的学校，没有真正意义上的"实验"；名师就要结合教育实践中的问题，进行有"教育实验"的教育实践。

许多涉及教育研究的书，都有"教育实验"方面的论述，我们这里简单地谈几个基本问题。

**1. 教育实验**

教育实验是教育科学研究的一种方法，是研究者根据一定的研究目的、计划，在控制条件下，对被试（教育对象）施加可操纵的教育影响，然后观测被试的变化及教育效果，以此推断所加教育影响与教育效果之间是否存在因果联系的一种方法。

（1）教育实验中的自变量

自变量又称为实验变量，是研究者操纵、控制、施加于被试的教育影响，是实验前假定存在的因果联系中的原因变量。例如，考察两种不同的教材对学生素质提高有无显著差异，教材就是自变量；考察不同的作业时间对学生学习、健康的影响，作业时间就是自变量。

研究者能否成功地操纵实验变量（自变量），是教育实验成功的关键之一。实验变量的操纵是指在实验中使自变量发生合乎要求的变化。

（2）教育实验中的因变量

因变量又叫效果变量、反应变量，是实验前假定存在的实验效应。例如作业时间不同引起的学生学习成绩、健康状况的变化，学习成绩、健康状况就是因变量。因变量的变化，一般要选择相应的指标来观测。科学地观测因变量是否随自变量变化、如何变化，是我们在实验中要搜集的重要资料，是论证因果联系的重要依据。

教育实验中科学地观测因变量是教育实验成功的关键之一。观测就是观察和测量，是实验过程中收集材料的主要途径。实验中的观察是在控制条件下的观察，是对因变量的感知并做如实记录的过程，是完全对被试的行为反应做定性描述。测量是按一定的法则，对被试的行为反应做定量描述。

（3）教育实验中的无关变量

无关变量是影响因变量，但并非自变量、因变量的一切变量。教育实验中的无关变量很多，如环境变量中的班集体状况、学生家庭状况、教学条件、教师水平、师生关系等。时间变量中的教学时间的长短、测试时间的安排等都是对实验结果影响较大的无关变量。

例如在不同教法的教学实验中的"教法 $x$"，$x$ 就是自变量。不同教法下，学生对所教内容的掌握程度就是因变量。而在这个实验中，教材的性质及难度，教学时间的长短，教师的业务水平、教学能力和教学态度，学生的学业基础、智力水平、复习时间、有无家庭辅导等都可能影响学习效果，但又不是自变量和因变量。它们就是该实验的无关变量。

控制无关变量的影响是教育实验成功的关键条件之一。实验中要控制好无关变量，首先研究者要明确自己研究的实验中有哪些无关变量，哪些是主要的无关变量（因为教育是复杂的社会现象，影响教育实际结果的变量很多，很难对所有的无关变量都加以严格控制），然后根据无关变量的性质特点，选择适当的控制方法。

了解了变量的概念后，我们可以说，教育实验的过程就是实验者在控制无关变量的条件下，操纵自变量，观测因变量，明确自变量和因变量之间因果关系的过程。因此教育实验成功的三个关键就是：成功地操纵自变量，有效地控制无关变量，科学地观测因变量。

2. 教育实验的组织形式

教育实验主要有单组实验、等组实验和轮组实验三种组织形式。

（1）单组实验

单组实验，就是随机抽取一组，先后施行不同的实验因子。无关因子在实验过程中保持不变，根据观察实验对象发生的变化判定实验因子的效果。基本模式为：

$(RG)$　　$Y_1$　$X_1$　$Y_2$　$X_2$　$Y_3$

（RG）表示随机抽样配成的实验组，对被试总体来说具有较好的代表性。$X_1$、$X_2$为两种比较的实验因子，$Y_1$为初次观测的数据，$Y_2$、$Y_3$为两次实验因子作用后的观测结果，通过$Y_1$与$Y_2$、$Y_1$与$Y_3$以及$Y_2$与$Y_3$的差异比较，来判定两种实验处理的优劣。

例如要比较两种不同教法的教学效果的优劣，选择一个较有代表性的样组（RG），先进行成绩测定（$Y_1$）；选好适当的教学内容，用第一种教法（$X_1$）进行教学，结束后进行效果测定（$Y_2$）；然后再选择和上次内容难易相当的教学内容，用第二种教法（$X_2$）进行教学，结束时再进行成绩测定（$Y_3$）；比较两次测验的结果（$Y_2$和$Y_3$），分析比较两种教法的优劣。

单组实验，简单易行。实验在同一组内完成，教师、学生、家长等无关变量相同，这是单组实验的优点。但是，单组实验有明显的缺陷：有关教材教法的实验中前后教学的内容难度很难相等，前后两次测验的难度也往往难以相同；前一次的实验处理对后一次的实验处理会产生影响；随着学生身心的发展、知识的增长，被试对实验材料的接受能力也在增强，这必然会影响学习成绩，这种"时序效应"在单组实验中是很难消除的。鉴于以上缺陷，对于单组实验的结果的解释必须慎重。

（2）等组实验

等组实验，这种实验的基本模式是：

$(RG_1)$　　$Y_1$　$X_1$　$Y_3$

$(RG_2)$　　$Y_2$　$X_2$　$Y_4$

$RG_1$和$RG_2$分别代表两个等值组，即被试各方面都相同的两个被试组。例如教法实验，两个被试组的学习基础、教师水平、教学进度、测试标准及教学环境等都保持一致。$X_1$、$X_2$分别代表两种不同的实验处理（如两种不同的教法）。$Y_1$、$Y_2$分别代表两个组施行实验处理之前所接受的同样测量结果（即前测结果），$Y_3$、$Y_4$分别代表两个组施行实验处理之后所接受的同样测量结果

（即后测结果）。实验结束时，通过对 $Y_1$ 与 $Y_2$、$Y_3$ 与 $Y_4$、$Y_1$ 与 $Y_3$、$Y_2$ 与 $Y_4$ 进行比较来反映两种处理的优劣。

如果等组中一个组接受实验处理 $X$（比如一种新教法）称为实验组，另一组不接受实验处理（用原教法）称为控制组或对照组，其基本模式为：

     前测  后测

($RG_1$)  $Y_1$  $X$  $Y_3$

($RG_2$)  $Y_2$  —  $Y_4$

等组实验的优点有：用等组平衡的方式能有效地控制无关变量；对照组与实验组分别接受实验处理可以避免两种实验处理的互相干扰；可以有效地避免"时序效应"，由于两组被试的身心发展都随年龄的增长改变，"时序效应"对两个班产生的影响是相同的，适应了教育实验周期长的特点；相对于单组实验来讲，可以缩短实验周期。

由于等组实验有上述优点，因此它成为目前教育实验中应用较多的一种组织形式。但在教育实验中要组成两个各种基础都相同、无关变量影响也相同的等组是很难的，所以等组的组成是相对的，等组的优点也只能是相对的。

（3）轮组实验

轮组实验，是将单组比较和等组比较结合起来，让两组被试同时接受不同的实验处理。经过第一轮实验之后，测量两组的实验效果，再将两种处理轮换对调，进行第二轮实验；经过与第一轮相同的时间，再次测量两组的教学效果，然后将测量结果进行比较。基本模式为：

($G_1$)  $X_1$  $Y_1$  $X_2$  $Y_3$

($G_2$)  $X_2$  $Y_2$  $X_1$  $Y_4$

$G_1$、$G_2$ 分别代表两个实验组，前面没有"$R$"表示两组不一定是等值组。其余符号含义与前文相同。

轮组训练实验的优点：不必设立等组，解决了等组实验中难以配置等组的困难；通过轮换，抵消了无关变量的干扰；对两个样本来说，前后两次实验的影响、"时序效应"的影响也是相等的。所有这些因素使轮组实验的结果较单组和等组实验更为可靠。

但轮组实验也有其不足：实验周期长，对两组被试分别进行两次实验处理，实验时间被拉长了；要准备两个教学内容，并且使它们性质、难度基本相同，且检测指标和难度基本相同，这也比较难以做到。

**3. 教育实验的一般程序**

教育实验的一般程序有：

（1）确定实验课题

除按确立一般课题的要求外，实验研究在确立课题时还要提出实验假设，也就是说研究者除了对问题的性质、研究的内容、研究的价值、研究的可能性等进行通盘考虑外，还要对研究的问题给出一个初步的答案，即假设；然后据此来设计项目，通过实验研究来验证这个假设。

（2）制订实验计划

建立了假设以后，就要开始着手制订实验计划。一般来说，实验计划应明确如下的内容：实验项目名称、研究人；实验目的、实验假设及它们之间的逻辑关系；实验的组织类型，即采用单组、等组还是轮组实验；实验对象的确定；明确实验变量（自变量）及其操纵方法；明确因变量及其测定方法；明确无关变量及其控制方法；实验条件的分析及准备，包括仪器、设备、记录表格、经费、环境等主客观条件要分析清楚；实验时间和步骤的安排；实验资料的收集方法。

（3）实施教育实验

制订好教育实验计划，就应严格按计划进行实施，实施中要注意实验因子的操纵和无关因子的控制，并及时准确地观察、测量和收集资料，做出初步分析。

（4）整理实验资料

把收集到的资料分类、列表、制图，进行定性、定量分析。

（5）分析实验结果

分析实验结果是否支持实验假设，是否能确定自变量和因变量间的因果联系。分析时，要特别注意忠于客观事实，实事求是地分析结果，不能弄虚作假，看通过实验能得到什么新的认识、新的结论。

（6）撰写实验报告

把实验研究过程和结果用报告的形式写出来即为实验报告。一般包括：题目、问题的提出、实验方法与过程、实验结果、分析与讨论、附录与参考文献。

说到"教育实验"，冯卫东老师在《做一个成长型教师》一书中说：多做"实验"，对明天有期待。

关于实验，他有三点想法：

其一，实验意味着不甘于平庸，摆脱自我有形或无形的"茧缚"。不破不立，所有优秀或卓越的教师都必然有且破且立的丰富经历。一旦没有这样的历程，也就宣告其教育生命停止生长。

其二，很多教师的职业倦怠感源于自我的教育保守心态。每天都在重复昨天故事的人，即便依然有着一张青春面庞，而心灵之地却早已长了深深的精神皱纹。实验让我们对明天有期待和憧憬，而热切的期待、美好的憧憬恰恰是弭平和医治职业倦怠感的良药。

其三，每一次实验都可以成为今后专业发展方面积极的关键事件，也都会让自己有一次大踏步前进。实验期往往也是难得的拔节期。人到中年往往趋于保守，而我却逐步建立起重新理解教育教学世界的框架，做了许多实验。

名师，一定是对明天充满期待的教师。请大家积极地开启你的"实验"之旅，驶向更加美好的明天！

# 第五节　案例：让学生灵性生长的两条路径

"教育理想高于天，落地方有百草园。"从教育理想到教育理想的落地，这路究竟该怎么走？基于我的实践感悟和我的教育认知以及目前基础教育的现状，想让学生灵性生长，我认为有两条路径可以尝试：基于科学的路径——玩益智游戏；基于人文的路径——猜益智灯谜。

玩益智游戏充满思维碰撞，得思维者得天下；猜益智灯谜增知启智促教，兴趣文史会思维。

我的教学实践，充满着玩益智游戏和猜益智灯谜。

"两条路径"没有太多深奥理论，校长、师生、家长都能明白；"两条路径"不需太多经费，所有学校都可以开展；"两条路径"易学易懂，师生随时可以进行；"两条路径"激趣促思，学生"乐此不疲"没有负担；"两条路径"一旦实施，必将风靡家校。

"两条路径"是孕育学校益智文化之道，是点燃学校思维教育之道，是教师教慧之道，是学生智学之道，是教学提质之道，是课堂激活之道，是学校入境之道——步入减负之境、灵性之境、特色之境、创新之境和素养之境。

我深信，"两条路径"一定可以成为学校的一个新风景。

## 一、基于科学的路径——玩益智游戏

益智游戏有多种，广义的益智游戏包括传统的数学益智游戏、新研发的动手玩的数学益智游戏、数学扑克游戏和趣味数学问题。

1. "玩益智游戏"的提出

"玩益智游戏"是一种行之有效的教学主张，这种主张是破解当下教育困境的"一剂良方"。

玩——教育本真本原的样态。

玩，也许就是教育的本真本原！玩，顺应教育规律，着眼学生未来。玩益智游戏能为学生营造本原、自然的冲动，引起学生好奇、兴趣、疑问、探索等求知的欲望，使学生能自觉地参与课堂学习活动，能使教师和学生一起"揭示数学的神奇，发现数学的完美，探索数学的应用，表达数学的精深"。

玩——发展素质教育的诉求。

素质教育观之一："能使学生生动活泼主动地发展的教育，才是成功的教育。"让学生在"我要玩，我爱玩"中成长，就是一种主动发展。

素质教育观之二："教师的才干不仅表现在渊博的知识，而且要善于为学生营造宽松愉悦的成长环境。"学生浸润在"玩中受益"的时空里，这种时空算不算是一种宽松愉悦的成长环境呢？

素质教育观之三："好的学校应当是生动活泼的乐园。"把"玩益智游戏"的理念融入数学学习和活动中，学生在玩中玩出了惊喜、玩出了好奇、玩出了思维，从而体验了"原来数学如此有趣"，获得了高层次的智力满足。

玩——绿色数学教育的呼唤。

教师和学生一起玩数学、用数学、品数学！这顺应孩子的自然天性，能让孩子玩中激趣、用中获知、品中增智；让数学题变得有趣、好玩。我们玩着玩着就玩出了思维，玩出了变式，玩出了归纳、玩出了文化；也同时玩出了常规题，玩出了创新题，玩出了中考题，玩出了高考题，玩出了奥数题。

时代呼唤绿色的数学教育，相信"玩益智游戏"能为数学教育抹上一片"绿"。

玩——学生灵性生长的路径。

游戏尤其是数学游戏，是一把让学生灵性生长的金钥匙。《游戏力》一书向读者证明了，所有的孩子都应在身体成长、情感发展以及学习的过程中加入游戏。因为愉快的游戏可以培养他们的思维方式，让他们得到更好的成长。

玩益智游戏，为学生灵性生长助力。

玩——减轻学生负担的探索。

玩益智游戏，不是说一点负担都没有，因为益智游戏玩到深处，也颇具挑战。但这种挑战，是一种让人欲罢不能、如痴着魔、流连忘返的挑战。相比无休止的"刷题"，这就不算什么负担了，这甚至是一种探索的幸福体验。

玩益智游戏，玩的就是思维。玩益智游戏，就是要求教师为思维而教，引领学生为思维而学，促进学校走向思维教育。

### 2."玩益智游戏"的实施

玩育，在我看来就是"玩的教育"。玩育的实施，体现为一种自觉地、自然地"玩"。自觉，是教师有玩育之心；自然，是合情合理地"玩了起来"。玩育总体是一种"滴灌"，细水长流，一次不宜玩太多，但要持续地玩下去。

途径一——融于课堂教学。

许多数学趣题背后，都有着深刻的数学原理。数学教师可以充分利用趣题所蕴含的数学原理，巧妙结合课堂教学，将趣题或作为引入课题的"情境"，或用于课中活跃课堂氛围，或用于课堂结尾铺垫后续教学。教师要有整体考量和灵活机制，"整体"就是要有一学期或一学年的系列"融于"，细水长流并持续滴灌；"灵活"就是基于"整体"考量的前提下的灵活玩转。

途径二——融于课后服务。

学校开展课后延时服务，就是为了给家长提供安心、放心、精心的托管服务，让孩子从容成长，不断增进家长和孩子的幸福感。数学趣玩，就可以成为课后服务的特色课程。学校可以将"数学趣玩"作为一个课程系列，分年级进行系统的游戏设置；也可以按"趣玩器具"系列组织学生游戏，如"折纸问题"就是一个系列，"抢棋子问题"也是一个系列，学生可以从初级玩到高级。

途径三——融于亲子互动。

"数学趣玩"可以作为亲子互动的一类游戏。不少数学趣玩游戏，家长可以找现成的材料和孩子互动游戏，不经意间自然融入，效果极佳；有些数学趣味游戏需要"器具"，家长可以和孩子一起制作，这是很好的启智和互动，能让孩子体验器具、对器具有亲切感，培养他们的动手能力；有些器具不好制作，就需要购买或向学校借用。这些动手玩的器具，玩起来往往更具挑战性和趣味性，家长可能比孩子更爱玩。

途径四——融于开放空间。

有条件的学校，可以建设"数学思维活动实验室"。注意实验室要有合理的器具摆放空间，有较好的环境布置，有教师演示的展台，有学生参与活动的平台等；学校还可以营创"益智墙壁文化"，把一些让孩子一眼望去就能展开思考的器具或图片"上墙"，让"墙壁"刺激学生思考；走向"智慧校园"的学校，可以将一些益智器具进行电子化处理，开发网络电子游戏活动。这些开放空间，会让益智器具产生更大的效益。

3. "玩益智游戏"的境界

"玩益智游戏"的境界，体现在不同层面、不同对象、不同深度的玩。只要能玩出数学的"趣、理、情"，玩出数学的"真、善、美"，玩出数学的"文、史、用"，就是有境界之玩。

境界一——好玩是"引趣"。烧脑游戏，激发兴趣。

数学好玩，就是让学生感受到数学是十分有趣的，这就是数学教学中的"引趣"。好玩是"引趣"，烧脑游戏，激发兴趣。"好玩"多融入情感，"好玩"可以设法将一个很深层次的数学问题进行浅层次、趣味化的呈现，目的就是让学生爱上数学。

境界二——玩好是"引深"。趣中领悟，透视问题。

好玩数学，就是让学生在感受到数学十分好玩的基础上，带着数学思维而玩。玩好是"引深"，趣中领悟，透视问题。"玩好"需要融入智慧，"玩好"

代表着将一个很浅显的问题深层次、一般化地探索，目的就是让学生像数学家那样思考。

境界三——玩转是"类化"。玩个游戏，洞见一类。

玩转数学，就是从一个数学游戏玩出一个数学的"新天地"。玩转是"类化"，玩个游戏，洞见一类。数学，是研究数与形的科学。涉及"数"的问题，我们可以从 1，2，3 探索到 $n$ 的问题；涉及"形"的问题，我们可以从正方形、长方形、圆探索到一般曲线的问题。我们在对"数"与"形"的探索中，追求数学问题的"诗和远方"。

境界四——玩味是"融化"。研题之史，品题之源。

玩味数学，就是从玩某个数学游戏，走进涉及这个游戏的背景、历史和文化。玩味是"融化"，研题之史，品题之源。我们玩的游戏，可能是某个数学家曾经玩过的游戏，可能有一段精彩的数学故事，可能是数学的某个创新或失误……我们玩着游戏，就可以品味到"数学文化"的美妙境界。

## 二、基于人文的路径——猜益智灯谜

灯谜，是我国传统文化的瑰宝，也是中小学生非常喜爱的一项文化娱乐活动。近年来，学校灯谜社相继崛起，遍及大江南北；学校灯谜活动方兴未艾，谜潮一浪高过一浪；校园灯谜作为一门校本课程被开发，灯谜发挥了它应有的作用。

### 1. 谜能育德、启智

寓教育于娱乐之中，增知识于谈笑之间，长智慧于课堂之外，这是灯谜的宗旨。灯谜是融思想性、艺术性、知识性、教育性、趣味性于一体的健康有益的文化娱乐活动，它是中华艺术百花园中的一株奇葩，几千年来一直深受广大群众喜爱。近几年，灯谜之风吹进校园，深受师生的喜爱。若将灯谜与学校教育结合起来，则其良性效应不可低估。

智力，简单地说包含观察、记忆、想象和思维能力。猜谜，便是培养这些能力的极好方法。灯谜的本质是一种智力活动，是一项使人聪明的艺术。

猜谜，并不全是对字词的简单理解和解释，也不是对问题的直接回答，而是要经过一系列复杂的智力活动去探究谜底。所以，猜谜能激活大脑，让人克服思维定式，对智力发展大有裨益。

2. 谜能增知、育情

走进文化娱乐场所，我们常常看到，五颜六色的谜条以它们独特的形式和强烈的魅力吸引着兴致勃勃的人们。人们时而望谜思索，时而相互讨论，时而竞相猜测。猜谜不仅给人娱乐、给人知识，而且能让人不断思考，通过思考使人的智力得到锻炼。

灯谜的增知作用是不言而喻的。谜题虽小，一滴水可见江海。其涉之广，天上地下、宇宙万物、历史地理、政治经济、科学文化无所不包，堪称人类的"百科全书"。中华灯谜，是跨学科的、综合性的艺术。要想在谜海中多获得一点自由，任何方面的知识和修养都会给猜谜、制谜带来意想不到的益处。

学生一见到能"玩"的数学游戏或益智器具，都会开心地马上拿起来玩。为什么？因为玩数学游戏和玩益智器具充满乐趣。兴趣可以让人产生强大的内驱力，可以让学生们充分发挥聪明才智。兴趣不是天生的，也是可以"玩"出来的。

玩数学游戏如此，玩益智灯谜亦然！

我教过的学生，大多会说："任老师上课真有趣！"这是因为我的每堂课至少有一"趣"。这"趣"，是探索趣味数学问题，或是玩趣味益智灯谜。学生觉得数学和灯谜很有趣，进而对数学和灯谜产生情感，自觉探究数学和灯谜问题，我和我的学生就都在这数学之探与灯谜之玩中灵性生长了。

3. 谜能促教、创新

将灯谜艺术引入学校教育，对提升学生的素养，具有其独特的作用。

灯谜思维具有求异性，能有效促进学生智力的发展；灯谜解读具有趣味性，能激发学生的学习兴趣；灯谜知识具有综合性，能极大地满足信息时代学生对知识的渴望；灯谜艺术具有民族性，能唤起学生学习中华文化的热情；灯谜立意具有高雅性，能培养学生良好的道德素养。

灯谜若能融入学校教育教学，师生都会有意想不到的收获。

灯谜在创新中发展，在创新中前进，灯谜在不断创新中日趋丰富而且流传至今并走向未来。灯谜界认为，灯谜应突出一个"新"字，不受前人条条框框的约束，走出一条自己的新路子。灯谜制谜者会不断增加新的信息和创作素材，增添新的谜趣，用创新超群来引领灯谜"新潮流"。

灯谜创新，让猜谜者受益无穷。在我看来，制谜者的每一个创新之举都能让猜谜者收获训练大脑之益。因为你不知此谜是否有创新，你不知此谜在何处创新，你更不知此谜用何种手法创新。

**4. 谜能激趣、助兴**

灯谜是结构最简单、篇幅最短小的文艺形式之一。它之所以能长盛不衰，是因为一个"趣"字。这种趣味既产生于猜谜时的推理探索，更得之于谜底被揭开之后的满足惊喜。猜谜活动既是文学艺术欣赏，也是精神生活享受。猜谜如寻桃花源，初探时，山重水复疑无路；沿溪而上，芳草鲜美，落英缤纷，自得一番情趣；一入洞口，豁然开朗，柳暗花明，心中怡然自得；时过境迁，仍令人魂牵梦萦、回味无穷。趣是谜的灵魂、谜的核心，也是谜的魅力之所在。

"趣中索趣大千世界凭君长知识，谜里解谜三百度篇任我娱身心。"这是一次大型谜会上挂出的长联。寥寥数语，把灯谜的趣味性说得甚透。

灯谜的助兴之功是显而易见的。

与师生参加轻松的休闲活动时，来上一谜，或猜景点之名，或猜团队人名，或猜动植物名……都能助兴；与师生一起乘车远行，灯谜更是"助兴宝典"，一路猜谜一路欢，不知不觉怎么猜着猜着就到了目的地了；教师朋友圈或师生朋友圈里，给出几条灯谜，一谜激起千层浪，朋友圈里"个个逞英豪"，佳谜被好评，善猜获点赞。

比较严肃的会议前，屏幕上展示一条"应景谜"，顿时能活跃现场氛围；文艺演出节目间，穿插"有奖猜谜"，能赢得台上换场时间，更给观众留下深刻印象；冷场时，随口说出一条灯谜，冷场立即变"热场"。不信，你试试。

### 5. 谜能解史、传美

我手头有一本《猜灯谜学历史》的灯谜书，很有"历史味"。我们可以通过灯谜这个载体，一睹中外历史。塞万提斯在《堂吉诃德》中说："历史孕育了真理，它能和时间抗衡，把遗闻旧事保藏下来。它是往昔的迹象，当代的鉴戒，后世的教训。"为我们道出了历史的作用。

灯谜尤其是涉及典故的灯谜，多与历史有关，猜着猜着，我们往往能读到一段历史。积跬步以至千里，汇小流而成江河。猜灯谜，可以激发学历史的兴趣；猜灯谜，可以点滴积累历史知识；猜灯谜，可以从不同的角度理解历史。

说到灯谜之美，谜人认为：灯谜是一门艺术，它的标准是真、善、美。灯谜述理正确，构思严谨，运典必实，自然浑成，此谓"真"；内容健康，积极向上，欲隐而显，诚意为难，此谓"善"；讲究文采，注重意境，传神含蓄，隐秀空灵，此谓"美"。

灯谜以其丰美的形式"娱人"，以其完美的内容"感人"，以其无穷无尽的巧趣"化人"，它是一门具有个性的美的艺术。从这个意义上讲，制谜人是美的艺术的创造者、美的生活的开拓者、美的情操的传播者。

灯谜之美，是语言含蓄的朦胧美，是构谜艺术的境界美，是幽默滑稽的谐趣美，是合乎逻辑的义理美。

我们先看一个我的"寓教于谜"的教学片断。我初当班主任时，历史老师来告状，说我班学生不太重视历史学科。我择机出了一条灯谜让学生猜，学生一脸茫然，不知从何处入手。我说："你们不好好学历史知识，竟然连谜面都读不懂。"猜完此谜，学生才知自己"知识浅薄"，不学好历史是不行的。

我当年给出的灯谜是：

**吕子明白衣渡江。（打一成语）**

我说谜面出自《三国演义》第七十五回回目："关云长刮骨疗毒，吕子明白衣过江。"讲的是东吴孙权欲夺荆州，任吕蒙（字子明）为大都督，统领江东各路军马。吕蒙假装患病，按兵不动。信息传到荆州，关羽信以为真，麻痹轻敌，疏于防范。不料吕蒙暗暗调兵遣将，白衣白甲，偷渡过江，轻取了荆州。

此谜机心巧运，据典成谜，谜底顿读，成为"蒙/混过/关"。这里"蒙"是专指吕蒙，"关"则专指关羽，全句解作"吕蒙混过了关羽"之意。

此谜"蒙""关"一变，全谜字字皆活。刻画当时情境，形象生动；照应谜面文义，情态逼真。

老师们想一想：一个在小学读了六年书的小学生，每日猜一谜，猜了2000多条灯谜，那会拥有一个怎样的小脑袋瓜呢？

### 三、"两条路径"，期待实施

认识到位，才能有效实施；积极实施，坚持下去，学校就有了"益智文化"，就有了"思维教育"，就可以形成特色；将"特色"进行到底就能成为一方教育品牌了。

**1. 学校校长全面部署**

校长组织全校教师学习"思维教育"理念，学习"益智游戏"和"益智灯谜"课程，将"两条路径"融入学校原有的办学主张中，初步形成教师"为思维而教"的教学观，进而带动学生"为思维而学"的学习观，逐渐营创"思维教育"尤其是"益智游戏"和"益智灯谜"的学校文化。

谋划好"两条路径"的实施方案。一是以数学教师为主，其他理科类教师为辅，建立"益智游戏"项目组；按年级划分，实施游戏计划，从"每周一玩"到"每课一玩"逐步深化，并由此创生出各种"玩益智游戏"相关活动。

二是以语文教师为主，其他文科类教师为辅，建立"益智灯谜"项目组，按年级划分，实施游戏计划，从"每周一谜"到"每日一谜"，并由此创生出各种"猜益智灯谜"相关活动。

高位构建益智课程，从偏科学的路径来说，玩益智游戏就是一条可行之路；从偏人文的路径来说，猜益智灯谜也相对简便易行。科学少了人文，就少了气质；人文少了科学，就少了理性。科学和人文，相辅相成、缺一不可。

### 2. 广大师生自觉行动

师生，既是"两条路径"的参与者、创造者，又是"两条路径"的传承者、弘扬者和发展者。

师生在"两条路径"建设中的作用可以通过几个"意识"来体现。

一是责任意识。作为学校群体中的一员，都要有建设、维系"两条路径"的责任。二是传承意识。"两条路径"需要一代代师生的传承，全体成员以自己的价值观、信念、精神和行动进行延续。三是吸纳意识。借鉴、吸纳其他学校的类似活动，注意与本校活动的有机融合。四是创新意识。"两条路径"的发展，需要在继承中发展、在发展中创新、在创新中提升；唯有不断创新，才能保持"两条路径"的生命活力。

朱永新教授在《理想的智育》一文中说了八个"理想"，其中第一条是："理想的智育，应该超越知识，走向智慧，激发创造，健全人格，为学生将来拥有终身幸福的精神生活打下坚实的知识能力基础。"

"两条路径"是超越知识的，是走向智慧的……践行"两条路径"的教师，激活了教育教学，获益的不仅是他们的学生，可能还有他们的后代。

### 3. 学生家长积极配合

学校让孩子玩益智游戏和猜益智灯谜，孩子学会了，放学回家后就和父辈或祖辈玩，这样孩子就会表现出更强的积极性和主动性。尤其是当游戏"放倒"大人，孩子看到大人一脸茫然并得到大人赞赏时，孩子一定会异常兴奋。这就是"亲子游戏"的逆向形式，在前文我提到过，我称之为"子亲游戏"。

"子亲游戏"，狭义地说就是孩子主动和父辈玩游戏，广义地说就是孩子和比他大的人（祖辈、父辈、大朋友等）玩游戏。有些游戏，我们的留守儿童还可以通过微信或视频，玩给父母看，或让父母"玩玩看""猜猜看"。

"子亲游戏"完全可以在幼儿园和小学广泛尝试。教师可以先教学生玩几个游戏，等学生会玩并深刻了解后，就请学生回家主动和长辈玩，尽量"守住秘密"；有可能的话，还可以"变着法子"和长辈玩。长期坚持下去，学生一定会得到"高层次的智力满足"，砥砺自己"玩出新境"，玩出"智慧脑"。而家长一定会从孩子期待的眼神中，感受到"两条路径"就是培养智慧儿孙的经典妙招，就会充分赞扬"两条路径"，也就会自然而然地积极配合，实现"家校共育"，并将其口口相传，扩大影响。不经意间，这所学校就能成为这方水土的特色学校了。

　　破解基础教育之困，激活教师教育之情，点燃学生向学之志，也许"两条路径"就像两盏我们要寻找的明灯。盏盏明灯，光耀学校，照亮师生成长之路。

# 第五章 著

这里说的"著",是指常规教育类文章的写作、论文的写作和著作的写作。

《朱永新教育小语》中,有这样的一句话:"写"只是形式,以"写"带动的是阅读,是思考,是实践;一个教师的专业写作史,就是他的教育史;思考需要工具,谈话与写作,是思考的真正开始;写作,不仅是训练思维的有效途径,也是让人们拥有美好人生的重要路径。

顾远、周贤所著《教育3.0》一书在论及"能力升级:教育创变者如何修炼进化"时,有一个醒目的小标题——"好的教育不仅要做出来,还要写出来"。

他们是这样说的:"教育者写作的内容很多。其中,把自己认可的教育理念以及在做的教育实践写下来尤为重要……教育创变者们,现在就开始写吧。从写下第一个句子开始,先写再改,不求完美。正是在不断的书写中,我们开始变得敢写、能写、爱写,直至对写作'轻微上瘾'。"

胡庆芳等编著的《品质教师是如何炼成的》一书在论及"教师品质提升的个人修炼"时也说道:把想好的事情做出来,把做好的事情说出来或写下来，不失为一种培养教师积累实践智慧的有效方法……换言之，表达的过程，同时也是一个形成观点、理清思路的过程。

谈到写作之于教师的专业化发展，特级教师李竹平从自身体验出发，指出："真正有价值的教育写作，并不是为了展示自己独到的见解或收获的成绩，而是帮助自己把教育教学中遇到的问题想得更周到、更透彻，并发现自己的不足，找到努力的方向。"

教师进行专业写作，好处多多。但刘波老师在《教师成长力修炼》一书中指出："教育写作应该根植于教师自己的土壤，结合自身的教育教学实践，避免形式化和功利化。"现实中，有些教师过于功利化的写作已偏离了教育写作的本意，值得我们警醒。

是啊，教育写作是最好的学习和成长方式；阅读与写作，理应成为名师的生活方式；名师，要用专业写作来成就自己。

# 第一节　理念:"教学"诚可贵,"写作"价亦高

教师"写不写论文",争论已久。

我刚到龙岩一中教书时,当时的数学教研组长就说过这样的话:"老师教好书就行了,写什么论文。"而我当时在读《上海教育》的一篇文章《教师即研究者》,发现上海的专家认为教师还是要做些研究的,把研究的成果付诸实践、再把它写下来,就是论文了。

谁说得对呢?当时我觉得上海毕竟是上海,上海教育的今天,应当是我们龙岩教育的明天。于是我就悄悄地进行研究,悄悄地了解那位组长订阅的杂志——我投稿时就有意避开组长所订的杂志,生怕他发现我写论文批评我。

后来学校换了数学教研组长,这位组长自己爱研究,就鼓励教有余力的老师做些研究、写些论文。新组长要统计教师发表的论文时,我竟然报了30多篇,老组长惊讶不已。

如果有人问我:"你是怎样由一名普通的师专生成为一名特级教师的?"

我可能会这样回答:"原因很多,但很重要的一条是我进行了教育研究。"

把研究的东西写出来(包括教育叙事、案例分析、技法探究、学理阐释等)就是教育写作了。再深入研究,写出有价值的研究文章,就是学术论文了。等积累到一定量的文章,就可以整理成书稿,争取出版了。

刘波老师在《教师成长力修炼》一书中,专门有一章论述"教育写作的是是非非",讲教育写作的那些事儿。读者不妨找来这本书细读这一章,一定会对"写作"有新的认识。

前些年教育部下发的《深化中小学教师职称制度改革的指导意见》指出,

要"切实改变过分强调论文、学历的倾向"。我觉得这并不是希望教师不要做研究了,不要写论文了,而是针对一些有娴熟教学技能、有人格魅力,却又不擅长总结、不太想写论文或论文水平一般的"教学型"的教师而言的,具有"特殊性"。说的是要切实改变"过分强调论文"的倾向,并不是说"不再要求写论文"了。我希望老师们不要误读,更不要因为"不过分强调写论文"而欢呼雀跃。

《中学教师专业标准》中的"基本要求"第60条:"针对教育教学工作中的现实需要与问题,进行探索和研究。"幼儿园、小学、特殊教育和中职教师的"专业标准",都有类似的提法。你看,"基本要求"都希望教师要"探索和研究"呢!"专业标准"具有底线性,"底线"都要求教师要"研究"了。所以我们师者,当"胸中有底线,进取无止境"。

说到教师"要不要研究和写作"这个问题,我有以下四个观点。

## 一、教而不研,多成经师

有许多老师,教了一辈子书,勤勤恳恳、兢兢业业,是大家敬佩的老师。学校在整理这些老师的教学经验时,似乎都有这样一种感觉,就是他们缺少对自己教学经验的总结,特别是缺少自己的教学主张。

我有一种观点,老师不能到了退休时,自己的教学还处于"混沌状态",而应在教学的过程中逐步形成自己的教学主张。没有自己的教学主张,就不能说自己是一个思想者。"思想有多远,我们就能走多远。"教师成长,岂能不多思考、多研究?

由于种种原因,有些老师会说:"教师嘛,把书教好就好。"我真想对这些老师说:"你研究了,你进行教育写作了,你就可以'把书教得更好'!"

当"工匠精神"成为热词的时候,作为"匠人"中的一员——"教书匠",可能有些老师会为自己的"不研"找到理由。时代呼唤教育工匠,教师需要工匠精神,毋庸置疑。张冰主编的《工匠精神与教师专业素养》一书中说道:

"爱岗敬业，塑造一颗匠心；专注教育，练就一身匠气；虚心向学，打磨匠者绝活儿；继承创新，形成独特的匠道；管中窥豹，锤炼匠者之智；终身学习，弘扬匠者精神。"

张奠宙教授说："做一个与时俱进的教书匠也不容易。"说的没错，不过我想补充一句："做一个与时俱进的研究型教师也不是太难。"

教而不研的"经师"，他们的成就可以理解为一种实践形态。这种形态可以在一定范围内传播，也可以由研究人员总结。但由他人总结，远不如由教师自己不断总结反思，于己于人可能都会更有益些。

管建刚老师在《不做教书匠》一书中写道："写作，是思想的砥砺石，是教师具备思考力的外显性标示，是教师教育人生的确证……对于一个有思想的教师来说，重要的行动之一，就是把你的思想写出来，外化成字、成文乃至成书，让人捧着，看得见摸得着，心服口服……年轻的老师们，拿起笔来吧，一个人如果习惯于被湮没，是一件非常糟糕的事情。只要你愿意，你手中的笔谁也无法夺走。"

当年轻的老师们都"拿起笔来"写作时，想要走向未来的名师岂能不"写起来"？

## 二、教而研之，多成"明师"

我以为，当教师就要当"明师"。"明师"者，顾名思义，就是"明白"之师，就是贤明之师——思想开明，明白事理，不固执，不迂腐，宽怀大度，理解人心，尊重人性，通晓教书育人之道。他们因此往往能以通情达理的巧妙手段，把学生"引"向或者"导"向成才的道路。我还以为，时代呼唤"明师"。我们的时代，是一个迫切需要"明师"的时代，也是一个能够产生"明师"的时代。

无论是从我的亲身经历，还是从我了解的一批批成长中的"明师"经历中，我可以得出这样一个结论：研究，是"明师"群起的成长之源；写作，是"明师"群起的精进之道。

著名教育家李吉林老师的"情境教育"唱响中国大地40余年。有人在研究"李吉林老师是怎样研究的"这个问题时发现：她不是"刚才不在研究，现在开始研究；课上不在研究，课后才去研究；做这件事不是研究，做那件事才算研究……"只要她的大脑在运转，至少是在为本职工作而运转，那她的行为时刻都会烙上研究的印痕——或者更直接地说，她的所有工作或教育行为本身就是她的研究。

研究者还用四句话来描述李老师的"研究"：直面原始问题，在研究中早行；扎根现实土壤，在研究中实验；兼具诗情理性，在研究中求真；驱动团队力量，在研究中发展。

宁波市的刘波老师是我认识的一位相对年轻的研究型教师。我从他的《从新手到研究型教师：我的专业成长手记》一书中，看到了一位年轻教师的专业成长之路，看到了他的研究成果和笔耕不辍的精神。从这本书中，我们能窥见"草根"教师成为研究者的路径与方法。在成为研究者的过程中，我们要立足教育实践，做教育科研的"领跑者"，做专业报刊的"博览者"，做专家学者式的"聆听者"，做教育热点的"关注者"。

### 三、研而行之，多成"名师"

如果说"教师成为研究者"，可能有些人还会有些看法，但说"名师成为研究者"，估计绝大多数人是没有意见的。

名师的研究行动是多样化的，课题研究已不再是他们参与研究的唯一选择，文章也不再是他们研究结果的唯一形式。名师的研究成果，有实践形态、教育产品形态和文本形态等。这就拓展了他们的研究空间。名师的研究与行动都是一种学习，是一种认识教育、改进工作与完善自我的学习。名师的研究是一种科学和人文方法的综合运用，以解决教育实际问题和改变自身思维方式为主要追求。

我们说，学者化是名师走向成功的重要标志。教师的学者化，就是教师必须对自己所从事的教育专业中的某一学科领域有深入而精细的研究，形成了优良而独特的知识结构和能力结构。学者化教师有较高的学识水平，有较强的研究能力，有坚实的理论功底，有丰富的教育经验，有创造性的研究成果，有教育理论与教育实践方面的重要建树；最终经过沉淀，他们极有可能成为教育家。

研而行之，就是要把研究的成果在实践中运用。

王淼生老师是我引进的一位金牌数学教练，他来厦门一中前，对数学解题和解题教学很有心得，但多数没有写下来，我鼓励他写下来。没想到他一"写"激起千层浪：20年，行而研之，研而行之，他在《数学通报》等数学专业期刊上发表论文300余篇，为北大清华输送200多名优秀学子，31人高考数学满分。

他在讲座"从农村教师到国家级教学名师：成长经验与启示"中提到，他来厦门一中后，评上了"特级教师"，评上了"正高级教师"，评上了"苏奖"——苏步青"数学教育奖"一等奖，评上了"国家级教学名师"……这些都是"行动""研究"和"写作"带来的荣耀。

我曾经在《教学月刊》上用《精修数学专业功底之名师》一文，介绍了王老师的"研与行"的境界；我为他的专著《概念：数学教学永恒追求》一书写了《让"冰冷的美丽"火热起来》的序言。序言最后的一段文字如下：

> 能让数学这一"冰冷的美丽"火热起来的教师，一定是优秀的数学教师。能让数学概念教学这一"冰冷的美丽"火热起来的教师，一定是更有学术涵养的优秀的数学教师。
> 
> 王老师就是这样的教师！

**四、研行著之，多成"大师"**

教育名家的成长，是一个追求最优发展、精益求精、好上加好的发展过程。这个过程，在我看来，就是"学、思、研、行、著"的过程。

作为首批"国培专家",我有一个颇受欢迎的讲座——"师者走向卓越的路径",而我讲的"路径"是什么?其实就是五个字:学、思、研、行、著。后来,我经常给"名师工作坊"的老师们开讲座,讲"名师之路,路在何方",课件的最后一页是这样写的:

> 名师成长,没有更多的秘密。
> 名师之路,简言之:学、思、研、行、著。

我强调,教师要从"且思且行"到"学、思、研、行"。

教师之思之行,还应和"学""研"结合起来。"思而不学则殆"告诉我们,只凭空思考而不学习,就会疑惑不解;思学结合,让"思"更有"源"。没有"思"是不行的,仅有"思"是不够的,还必须在"思"的基础上进行"研"。

名师,应该是有"研究味"的教师——会以研究的视角审视教育问题,会以研究的方法破解教育难题,会以研究的姿态走向理想课堂。

当然,如果我们还能把"学、思、研、行"的成果写成文、写成书,立一家之言,那就更好了。仿哲人之语,我想说:

> 我学故我知,
> 我思故我在,
> 我研故我智,
> 我行故我实,
> 我著故我勤。

最后那个"勤",我想表达的是"勤于笔耕,写作不止,动力永存"之意。

古今中外的教育大师,都是踏实"学、思、研、行、著"的人。我们从孔子的"人物生平""主要影响""历史评价""轶事典故"中,可以品味到那"五字的交响乐";我们从苏霍姆林斯基在帕夫雷什中学的经历,和他奇迹般地写出了40部专著、600多篇论文、约1200篇儿童小故事中,可以感受到那"五字的合奏曲"。

人民网评是这样评价陶行知的:"他以'捧着一颗心来,不带半根草去'的赤子之忱,为中国教育探寻新路。最可贵的是,他不仅在理论上进行探索,又以'甘当骆驼'的精神努力践行平民教育,30年如一日矢志不移,其精神为人所同钦、世所共仰。"

于漪老师获评"人民教育家"称号,其颁奖词是:"她已是九十岁的耄耋老人,有着六十年的教学生涯。她依然活跃在语文教学改革的第一线,坚守'在讲台上用生命唱歌'。她深爱着学生,痴迷着语文教学。'我做了一辈子教师,但一辈子还在学做教师!'她用这样的话语不断地鞭策着自己,也勉励着更多的青年教师。于漪,是师者的楷模。"

我们读陶行知先生,我们读于漪老师,我们的耳边一定会有关于"学、思、研、行、著"的声音缭绕,一定会感受到"学、思、研、行、著"的力量!

话说回来,中小学教师要"把学科知识、教育理论与教育实践相结合,突出教书育人实践能力"。这就是说,中小学教师首先要教好书,突出实践能力。换句话说,一个挺会写论文但书教不好的教师,是不称职的中小学教师。

说到教师的"教学与写作"时,我一直有这样一个观点:教学第一,写作第二。换句话说:中小学老师,要先把书教好,再来写论文。

在评价中小学教师时,勿以论文论英雄;把书教好,是中小学教师的基本要求。在此基础上,教师再进行研究,再践行研究成果、探索成效,再挤一点时间把它们写成经验总结或写成论文,这样教师走的就是一条智慧成长之路!

最后,我出一道没有标准答案的多选题,仁者见仁,智者见智,读者自选:

"教学"诚可贵,"写作"价亦高。若为发展故,( )。

A. 两者皆需要　B. 前者更重要　C. 后者可以抛　D. 后者不可抛

## 第二节　著述：立一家之言

"著书立说"中的"立说"，就是"立一家之言"。教师把自己在教育教学中的所学、所思、所研、所行写下来，就是"立言"。华东师范大学第二附属中学何晓文老师写的《教育——发现和发展学生的潜能》，书名就是她的教育理念；马良老师写的《教育之美在于度》，书名诠释了他的教育之道；戴曙光老师写的《简单教数学》，是他教学的真实写照。

立言，可以是书名之立言，标题之立言，目录之立言，行文之立言。

有道是："读书育己，教书育人，写书育世。"

有道是："文益于己，文益于人，文益于世。"

### 一、撰写论文的体会

世界上有许多发现，但归纳起来却只有两种：一种是发现外部世界；一种是发现自己。教师开展教育科研，积极撰写教育论文，既是发现外部世界的过程，又是发现和创造自己的过程。

#### 1. 教育科研与教育写作现状及评述

第一，大多数教师忙于具体教学事务，较少考虑教育科研问题。中国的教师十分敬业，都很有实干精神，但在整个教师队伍中，能够进行教育研究的教师较少。教育是事业，事业要求我们实干；教育同时还是科学和艺术，而科学和艺术，没有实干是不行的，但仅有实干是不够的。

第二，大多数教师整天忙忙碌碌，觉得没有时间去搞教育科研。教师工作辛苦，这是众所周知的。"没有时间去搞教育科研"有可以理解的一面，但也有短视的一面。我们为什么不走"省时—高效—省时"之路呢?

第三,一些教师认为教育科研是教研部门的事,与自己关系不大。教研部门进行教育科研和教师进行教育科研,不尽相同。教研部门研究理论问题多一些,教师研究实践问题多一些。广大教师都具有相当的文化水平和研究能力,熟悉研究对象,掌握第一手资料,教育科研所需物质条件相对简单,教师完全可以进行教育科研。

第四,一些教师认为教育科研高不可攀,中小学教师只要教好书就行了。但教育科研并非"高不可攀",许多中小学教师丰硕的教育科研成果已经证明了这一点。一个教师只要坚持学习教育科学理论,掌握基本的教育科研方法,及时了解教育动态,具有实事求是的科学态度和勇于探索的精神,你就具备从事教育科研的条件了。

第五,一些教师平时不注意总结,而到了要开学术年会或评职称时,才开始"写"论文。要知道论文不是"写"出来的,而是通过实验和研究探索出来的。临时抱佛脚之"写",多半是拼凑,多半是经验"堆砌";而"研"出来的论文就不一样了,是层次分明的展开,是揭示规律的论述,是有价值的成果。

第六,一些教师受经济利益影响,难以用心于教研。20 世纪 90 年代我曾猜过一条灯谜:"铁源名曲何所酬?(打一歌曲名)"谜底是:"十五的月亮十六圆"。说的是作曲家铁源创作名曲《十五的月亮》,仅得十六元稿费。猜后心里很不好受。如今虽说"拿手术刀的赢过拿剃头刀的",但要靠教育科研致富,几乎不可能。

第七,一些教师所写论文罗列事例多,上升为经验或理论的少。最典型的例子就是理科教师写的论文其内容是"标题加例子"。"标题加例子"实际上就是一个教案,何况这种教案也还是最基本的教案。问题是怎么提出的?你是怎么分析问题的?你是怎么解决问题的?你的观点何在?论文之要贵在"论"。

第八，教、学、研相结合，已成为课改背景下一些青年教师成长的模式。有人研究过优秀青年教师的成长，发现他们的成功之路是"教、学、研相结合"。教是研的前提，教后"知不足"当"学"；学是教的积累，学是研的基础；而研是教的总结和提高，研是学的体会和感悟。

第九，科研兴校、以研促教已成为一些学校和教师治校治教的策略。教育科研是教育发展的第一生产力，科研兴校、"教、学、研"相结合，已成为人们的共识。我任厦门一中校长时，就提出："我校的教育科研，应在全面地、深入地总结我校办学经验的基础上，着眼于整体改革，以培养学生的创新精神、科学的思维方法和实践能力为重点，探索一条科研兴校的高质量、高效益、具有厦门一中特色的新路。"

## 2. 论文撰写中存在的几个问题

第一，大题小做。选题太大，作者的时间、经历、水平有限，难以完成或草率完成，这类论文在每次论文评审中都不少见，如《深化××××，推进素质教育》《论数学能力的培养》等。中小学教师的教育研究，选题宜新宜小。选题宜新，新则有价值、有创造性；选题宜小，小则写得好、写得深。

第二，分量太轻。一般说来，投给杂志的论文，字数在 2500～5000 字；交年会参评的论文，字数在 3000～10000 字（特殊规定除外）。每次论文评选，都会看到一些"薄论文"，有的甚至只有一张纸。我不反对言简意赅的论文，但对大多数中小学教师来说，非十几年探索之功，是不易写成这种论文的。分量太轻，不容易论述清楚某些问题。

第三，泛泛而谈。文章所论及之处，都是正确的；但人云亦云，缺乏新意。或给出一大堆文字，没有生动、翔实的例子；或东引一段西抄几句，没有自己的见解；或名词堆砌，逻辑混乱，不知所云。

第四，条文加例。一个小标题或标题配简短文字，加上几个例子，就算一篇论文，这是学科教育论文的一大通病。如《××××的若干解题方法》《××××法在解题中的妙用》等，这在理科解题教学类论文中最多见。一篇文章，去掉例子和标题，余下的文字（还不是全部）才是你的观点。写这类文章的老师不妨数数，属于你的观点的还有几个字？

第五，缺乏实验。教育教学研究应重视实验，这里讲的实验是指教育实验。在这方面探索到的论文较少，即便是一些冠以"实验"二字的论文，其中有不少是"准实验"，因为真正意义上的教育实验的要求还是蛮严格的，尤其是对实验中变量的操纵的要求是很高的，成功的实验应是成功地操纵自变量、有效地控制无关变量、科学地观测因变量。

第六，选题陈旧。教育教学的研究与实践，为我们提供了大量的选题。但从送审的一些论文看，还有不少论文选题陈旧，尤其是旧题未能写出新意。如《怎样培养学生学习数学的兴趣》《数形结合在解题中的应用》等。1984年，我在一次学术会议上听北京师范大学的丁尔陞教授说，关于平面几何入门教学，国内已有几万篇论文了，其探索已很深且形成规律，在这个领域要探出新意实属不易。

第七，论述不够。不少论文选题新颖且论点也有新意，但在论述时几笔带过，难以令人信服。如《心理素质教育与数学教学有机结合》一文，选题还不错，这是心理教育目前正急需解决的一个重要问题——如何向学科渗透。但作者仅从四个非数学教学特有的方面做了论述，力度不够。这类文章在修改时，如果围绕数学教学特性结合"心育"充分展开，就可以写成一篇很好的论文。

第八，非学科化。以数学学科为例，其他学科可类比。数学教育论文应充分体现数学的特点，论述中应强调数学教育。但有些数学教育论文，写得洋洋洒洒，读罢回头一看，觉得没有什么数学内容。我们不反对把其他学科引入数学教育，不反对把其他教育与数学教育相结合，但我们强调，数学论文应以数学内容和数学特点为主，这样的探索才具有指导意义。

### 3. 教育论文撰写的几个关键点

关于教育论文的撰写，我们在当当网搜索一下就会找到许多书，比如赖一郎编辑所著的《中小学教师论文写作指南》一书，就很适合中小学教师学习。

这本书引言的标题是《你也可以写好——写作，伴随一位青年教师到教育专家》，写了一位青年教师的"教育教学的自发阶段"和"教育教学的自觉阶段"。引言结尾是这样说的："教育科研、教育写作，促成了一位普通的青年教师成为教育专家。你也可以写好的，现在，就拿起笔吧！"

赖一郎写的那位青年教师，就是我。

其实，写论文只要抓准了标题、结构、开头、结尾、展开、风格这六个主要方面，我们就能厘清写作的思路，进而"各个击破"，然后"连贯串通"，最后"适度润色"，就"大功告成"了。

第一，标题。

文之精要，可看标题。台湾作家喻丽清说得好："题目是内容的缩小，内容是题目的放大。"赖一郎编辑认为，文章标题一要贴切、二要简洁、三要典雅、四要新颖。

凌宗伟、黄正老师写了《学会管理：发展规划与学校发展》一书，嘱我写序。序言的标题，我想到了"好谋而成者也"，这是"论语·述而"之语，学校发展规划就是"谋"；我想到了"'预'见未来"，学校发展规划也是"预"，"凡事预则立，不预则废"，有预见就有好未来；我想到了"规划，这是学校发展的内驱力"，潜台词为有些学校没有真正意义上的规划，规划何止是内驱力，更是学校发展的新动力；我想到了"从规划学校到领导学校"，想表达的是规划不仅让校长学会管理，更让校长找到领导学校的路径；我想到了"发展规划让学校走向高品质"，好的规划是基于科学论证的，是融入办学思想的，是引领学校高品质发展的。

其实这些"想到了"，都表明规划的重要性。最后套用"有好的教师，才有好的教育"之意，我定下"有好的规划才有好的发展"为序言标题，感觉更能让大家接受。若套用"谁赢得教师，谁就赢得未来"的话，我们还可以说"谁拥有规划，谁就拥有未来"。

第二，结构。

论文结构，往往是以小标题框定的；一些名家作者，也会用"一、二、三"等这样的小标题来分层论述。

有文字小标题的论文，"纲举目张"，读者好阅读。小标题要与标题相呼应，要激发读者的阅读兴趣，要与行文"意蕴相谐"。小标题大致有逻辑序列式和协调并列式两种，小标题下还可以有"小小标题"，"小小标题"也可以考虑用"序列"或"并列"——理性论述的论文，"序列"的多；诗意表达的论文，"并列"的多。

下面请看我的《常态课与公开课的理想样态》的小标题及"小小标题"：

1. 常态课与公开课的现状
（1）常态课多随意，公开课多刻意
（2）常态课少研究，公开课少个性
（3）常态课不重视，公开课太在意
（4）常态课重实效，公开课重技巧
（5）常态课备不足，公开课多研磨
（6）常态课少诗意，公开课太华丽

2. 常态课与公开课的基本样态
（1）常态课要基于"整体谋划"下的"精心备课"
（2）常态课要基于"依标尊本"下的"融入理念"
（3）常态课要基于"继承传统"下的"创新实践"
（4）公开课要体现"教明其道"下的"教精其术"
（5）公开课要体现"教学常态"下的"教学探新"
（6）公开课要体现"教学主张"下的"教学风格"

3. 常态课与公开课的理想追求
（1）常态课"大气"一点，公开课"才气"一点

（2）常态课"傻气"一点，公开课"灵气"一点

（3）常态课"朝气"一点，公开课"和气"一点

（4）常态课"喜气"一点，公开课"秀气"一点

（5）常态课"书卷气"一点，公开课"沉住气"一点

小标题算是"层层递进"的逻辑序列式的标题，而"小小标题"算是"对称美感"的协调并列式的标题。

我的《师者育儿的辩证之道》的小标题："育人之理念，育儿可借鉴；育人多言教，育儿多身教；育人重立德，育儿求适合；育人有规范，育儿要新探。"也是典型的具有"对称感"的协调并列式标题。

第三，开头。

论文的开头怎么写？我们可以多读一些他人的论文开头，用自己的眼光大致分出一些类型。古人说开头叫"凤头"，凤的头部美丽俊俏。文章开头要小巧清新、引人入胜。

赖一郎编辑认为，文章的开头没有固定不变的模式，而应该根据其独特的具体内容来采取灵活多样的方式。总的一条原则是：服从于主题的选择，服从于文体的需要。立论文：开门见山，亮出论点；驳论文：梳理靶子，精准打击；研究性论文：做好综述，"竭泽而渔"；叙述型论文：曲径通幽，水到渠成。

我的《校史教育：我们期盼什么？》是这样开头的：

校史，是应当积极保护的珍贵资源，是一座值得深度挖掘的"教育富矿"，是可以在学校发展中不断积淀的宝贵财富。校史资源，富有感染力，具有无形的、不可多得的、体现学校特色的教育力量，用好校史资源的育人功用，学校责无旁贷。

校史教育：我们期盼什么？

这样的开头，旨在引出此文的四个小标题：期盼着眼未来、积极保护，期盼深度发掘、体现价值，期盼注重积淀、形成文化，期盼活用巧用、育人无痕。

我的《为教师减压的理想之道》是这样开头的：

> 教师面临来自各方的压力，用"压力山大"来描述绝大多数教师的生存状态，实不为过。"为教师减压"的呼声日渐高涨。谁为教师减压？社会积极支持"减压"，学校有责合理"减压"，师者当会自我"减压"，学生适度配合"减压"，家长理解协助"减压"，亲友关爱帮助"减压"。

这样的开头，直接引出文章正文的六个小标题，可谓"纲举目张"。

第四，结尾。

论文结尾怎么写？可以多读他人文章的结尾，用心领悟。古人说结尾要用"豹尾"，比喻乐曲、诗文要有"坚劲有力的结尾部分"。赖一郎编辑认为，结尾一般有五种方式：收束全文，点明主题；意尽言止，贵在求实；辩证思维，严谨周密；由此及彼，由点到面；趁热打铁，鼓动煽情。

我的《校史教育：我们期盼什么？》是这样结尾的：

> 校史教育，不是可有可无的，而是大有可为的；校史教育，自然发生虽有一定成效，但自觉而为，就能产生意想不到的教育新境。

这样的结尾，算是"前呼后应"，更是点明校史教育要"自觉而为"。

我的《为教师减压的理想之道》是这样结尾的：

> 教师之"压"理当减轻，为师"减压"时不我待。当社会、学校、学生、

家长、亲友都在努力为教师"减压"和教师积极自我"减压"达到某种水平时，我们就逼近了理想的教师"减压"之道。如是，教师幸甚，教育幸甚。

这样的结尾，强调在各方为师"减压"过程中，教师积极自我"减压"才是理想的"减压"之道。

第五，展开。

展开，这里指的是论文小标题下的论述。不同类型的论文，其论述是有讲究的。

立论文：重在论证，可以采用分析法、例证法、推理法、对比法、类比法等进行论证。驳论文：重在反驳，可以从反驳论点、反驳论据、反驳论证等方面进行。研究性论文：要做好问题的分析归纳、实际情况的调查、有关资料的查阅、实验结论的表述、研究成果的利用等方面的论述。叙述型论文：基本步骤是确定研究问题—选择研究对象—进入研究现场—进行观察访谈—整理分析资料—撰写研究报告。

我的《教育家精神的"立人"之道》一文，在"教育家的成己成人，给人奋进感"的小标题下，是这样展开的：

成己，就是成就真正的自我，就是自我生命的不断完善。孙孔懿说，教育家成己的过程是一个变自己的本然状态为应然状态的过程，一个自我肯定与自我否定相交织的过程，一个终身不间断并且无止境地修炼的过程。

成人，就是成就他人。成就他人，就是成就人的志向、能力，就是扩展人的发展的可能性。华东师范大学第二附属中学何晓文校长的"教育——发现和发展学生的潜能"，清华附小窦桂梅校长的"让学生站在学校的正中央"，都是成就"学生"个人；锡山高中唐江澎校长的"发展教师——校长的第一责任",就是成就"教师"个人。

孔子的"己欲立而立人,己欲达而达人",就是成己成人之道;雅斯贝尔斯的"人,只能自己改变自身,并以自身的改变来唤醒他人",也是成己成人之道。

教育家无论是在成己中成人,还是在成人中成己,都能给人一种奋进感。教师尤其是青年教师,要以这种教育家的精神,激励自己:只争朝夕,不负韶华,青春是用来奋斗的,幸福是奋斗出来的。

这样的展开,第一自然段论"成己",第二自然段论"成人",第三自然段引用名人之语强化"成己成人"之道,最后一段讲教师要以这种教育家的精神砥砺前行。

第六,风格。

论文的风格,大致有两大类,一类是学术研究的理性思辨风格,一类是学术研究的诗意表达风格。

我们去读大学学报的论文,绝大多数是"理性"的;我们去读中小学教育类综合刊物(如《人民教育》《新教师》等)的论文,"理性"和"诗意"兼具。

大学教师发表论文比较严谨,多有文献综述,多有实验论证,多有理性思辨;中小学教师发表论文,相对而言,行动研究、叙事研究、案例研究、实证研究比较多,有一线实践经验,有鲜活生动情景,有课堂教学聚焦。

中小学教师"理性思辨"类的论文相对少些,但未来教育呼唤实证研究和实验研究;大学教授可以将学术研究"诗意表达",朱永新教授、肖川博士的文论,就属于这样的风格。

我的《数学多维教育实验的理论与实践》论文,就是相对"理性思辨"之文,我们看一个"小片段":

所谓数学多维教育，就是一种多目的、多渠道、多层次的教育教学活动。包括教育目的维——德、智、体、美、劳（$x$轴）；教育渠道维——课堂教学、课外活动、社会教育、家庭教育（$y$轴）；教育层次维——知识、方法、能力、修养（$z$轴）。数学多维教育体现了数学教育的整体性，是实现数学教育目的的多种教学方法和手段的优化组合。

这样的"小片段"就属于"理性思辨"的论述风格，逻辑层次鲜明，三个维度下，分别有五、四、四个探究点。

我的《足与不足》论文，就是相对"诗意表达"之文。我们也看一个"小片段"：

人生之路，是一个不断自我完善的过程。

人生之路，也是伴随着足与不足的过程。

我常感到知足，又喜欢在足中寻找不足；我也常感到不足，又会静下心来，在不足中去感受足。足，是进步，是收获，是成功，是令人快乐的；不足，是缺憾，是失去，是差距，时常会有几声叹息。事情往往就是这样，从一个角度看是不足的，而从另一个角度看已经是很足了；但一味"知足常乐"，姑息缺点、宽恕懒惰，又往往会步入平庸。

足与不足，一切尽在认识自我、战胜自我中。

这样的"小片段"就属于"诗意表达"的风格，感性语句引发读者共鸣、打动人心。

## 二、著书编书的体会

著书编书对绝大多数教师来说都是一件很难很难的事。近年来，中小学教师著书编书的逐渐多了起来，但与教师队伍人数相比，还是"凤毛麟角"。

我曾经在学校大会上说过这样的话:"咱们一中的教师到退休了还没有一本自己写的著作,是一大遗憾。"有同事批评我,说我要求太高。后来我就引用徐世贵的话:"人生的最大遗憾,莫过于始终没能利用自身潜能和特长去创造本可以出现的奇迹。"老师们都明白,我所说的"奇迹"中,包含了写一本属于自己的著作。

怎样着手写一本书?简单地说,就是把握"七性"。

## 1. 框架性——构思一个框架

准备写一本书,你要先构思一个框架。

如果想写偏学术化的或是已经明确某个专题的,你就可以按层次理出章节,分章节进行写作。如我准备写的《数学"玩育"之探》的目录框架如下:

> 绪论:从"品玩数学"到"数学玩育"
> 第一章 "玩"与"育"纵横谈
> 第二章 数学"玩育"的提出
> 第三章 数学"玩育"的理念
> 第四章 数学"玩育"的价值
> 第五章 数学"玩育"的类型
> 第六章 数学"玩育"的课例
> 第七章 数学"玩育"的实施
> 第八章 数学"玩育"的境界

这个目录框架,第一章论及"玩育"的界定问题,其他几章就是分别对"玩育"的几个重要方面展开论述,尽量全方位探索。

## 2. 计划性——列一个计划

构思完框架,你就要列出一个写作计划。先把你可用于写作的时间理出来,比如晚上备完课后的富余时间,双休日、小长假、长假、寒暑假,当然还要扣除必要的家务时间、教师培训时间、家访时间、学校活动时间、走亲访友应酬等时间。将这些时间理出来后，对应你的写作框架，充分考虑收集资料、数据整理、成果分析、问题探究等耗时，列出一个写作时间表。

列出的时间表要适当"宽松"，因为总有一些事会影响写作，比如公务出差、家庭琐事、病痛困扰、朋友来访、"稿约插队"等。当然，在具体写作时，应"紧锣密鼓"往前赶，提前完成计划自然是十分高兴的事。

如果你与出版社签了合同，你就要按合同上的交稿日期列一个计划，按"倒计时"进行写作；一般要留下一个月的提前量，万一"写作受阻"，才有"补救之时"。

别忘了，书稿交给出版社时，还经常要有前言（或序言）、后记（或跋）、书稿内容简介、作者简介、照片等，提交这些材料也并非轻松之事。

### 3. 理论性——理论上的分析

写一本书总是需要一些理论支撑的，这往往是中小学教师的"短板"。怎样补上这个"短板"呢？

一是系统学习。可以以你的书稿内容为中心展开学习和研究，时间较多，你就研究得深一点，多读一些专著；时间太紧，你就采取"拿来主义"获取"学术快餐"，比如读一些总结性强的论文。

二是文献综述。就是去查阅与你书稿有关的报刊书籍。从某种角度看，文献综述要占去写作的三分之一时间，你如果平时已进行了这方面的工作，则另当别论了。

三是请教专家。你可以带着你遇到的理论难题去请教有关专家。教育专家大多是乐于助人的，你可以当面请教，这样可以互动；也可以用邮件请教，这样便于专家有更多的时间思考你所提的问题，也解"约见不易"之难。请教专家，宜多请教几位，你再综合分析合理吸收，用合适的语言表达出来。

### 4. 实验（实践）性——实验（实践）的进行

教育教学问题的研究，往往要进行实验和实践。实验必定是在实践中进行的，而实践未必都有实验。教育学术界呼吁，希望看到多一些带有实验性的研究成果。就一本书而言，有的书整本都是写实验成果的，有的书是某几章节写实验成果的。

如《走向未来的学校——中小学校教育模式探讨》一书，就是整本研究他们所进行的"中小学九年学制教育实验"的。中小学学制是十二年，但他们用了九年就把十二年的教育完成了，这本书就是研究这项实验成果的。

又如我写的《任勇与数学学习指导》一书，并没有整本书写实验，只是在"我的教育观"章节的第8点"中学数学学习指导的实验"，记录了我进行的一项实验。

对中小学教师来说，更多的是实践，在实践中研究，在研究中实践，这就属于"行动研究"。写书，就要把我们怎么针对研究的问题，怎么进行实践的，或按类型展开论述，或按层次推进描写，或以理论篇、实践篇、案例篇撰写。如前面的《数学"玩育"之探》，每一章谈的都是我在实践基础上探索的成果。

**5. 层次性——按层次逐步展开**

每一本书的写作都要按一定的层次展开来写。一般说来我会从高层往低层写。我写《好学校之境》一书，就有三个层次。上篇：校长成长"步入新境"；中篇：教师生长"引入高境"；下篇：学校发展"渐入佳境"。其中，中篇第五章的分层如下：

第一层次：

中篇：教师生长"引入高境"

第二层次：

第五章　自我素养：从"全面发展"到"全而有特"

第三层次：

1. 全面发展"多才多艺"

2. 特色发展"修炼绝活"

3. "全而有特"做有魅力的教师

### 6. 统一性——以统一格式成书

一本书的写作，是很讲究统一性的。

大而言之，全书的写作风格宜统一，或偏于理性分析，或偏于诗性书写。一般来说，偏于理论的或实验的，宜理性分析；偏于实践的或案例的，宜诗性书写。我写的《中学数学学习指导的研究与实践》，是一本有一定理论要求的书，理性分析多；我写的《走向卓越：为什么不？》，是一本教师培训用书，诗性书写多。

总而言之，全书的章节、体例宜统一；每章节的跨度不宜太大，最好有些关联，每章的各节体例也不宜差太多；每章是否要有导语等都要统一。我主编的《现代中职生成才导向》一书共有十章，每章五节或六节，每节要求前面写一句与该节有关的"名人名言"，每节末尾要有"导向训练"，给出3～6道训练题。

小而言之，就连章的字体字号、节的字体字号、正文的字体字号等都要统一，全书图表的编号、空格、行间距、引文格式问题等也要统一。一般说来，出版社会给出具体的规定，我们就要严格按出版社的规定去做；不明之处，及时与责任编辑沟通，或先写一样章让编辑把关，待编辑修改返回后，再"依葫芦画瓢"统一有关格式。你交上一份"齐、清、定"的稿子，对书的出版是有益处的。

### 7. 艺术性——写出你的文采

书是写给读者看的，最低要求就是要有可读性、大家读得懂。稍高一点的要求，就是要有文采。

要想写出文采，就要在平时下些功夫，练就写作技能。杜甫的"语不惊人死不休"，范仲淹的"板凳要坐十年冷，文章不写一句空"，说的都是写作上的勤学苦练。

贾岛说："一日不作诗，心源如废井。"经常写作或者经常写反思，必能练出笔头功夫。只有勤于笔耕、善于积累，才能厚积薄发、写出文采。

作为教师，除了精通本学科知识外，还应多读书多吸取。在一次教研活动上，学校挂出一副对联："骨干在磨炼反思中成长，名师从课堂教学中走来。"华东师范大学张奠宙教授认为还应加个横批："还要读书。"在张教授看来，中小学教师书读得还不够，骨干教师、名师更要读书。教学如此，写作亦然。

老师们，学习吧，风格之道在乎"学"；老师们，读书吧，文采之功在乎"读"。

## 第三节 技巧：师者之"写"

当老师们决定要写一本书或一篇论文时，他们是不容易的。因为老师要备课、上课、批改作业、管教学生，著述往往要挤时间进行。优秀教师至少要在退休前写一本教育教学方面的书，至少要在你所教学科专业的核心刊物上发表一篇文章，这样的要求高吗？

初为人师时，我并没有想要写点什么。一篇论文的成功发表和前辈的鼓励，竟使我一发不可收地"写"了起来，这辈子便与"写"结下了不解之缘。这里讲的"写"，主要是指写教育文章。为了区别普通文章与论文，便于后面的论述，我这里把学术论文和著作之外的写作，称为"文章"。

### 一、为何要写？

孔子云："言而无文，行之不远。"把我们的思考和探索写下来，把我们的教育发现和教育经验写下来，这些有价值的成果就能产生广泛而深远的影响。

著名特级教师李吉林说："有收获，就写下来。"李老师的"笔底春秋"，使她成为教育大家，使"情境教育的诗篇"唱响大地。写下来的东西，便是反思和总结的真实体现。

为了写，你阅读的"用心度"就不一样了。你会边读边思考：这个问题让我写，我会怎么写？作者为什么这样写？这篇文章的特点是什么？有哪些写法值得我学习？有哪些问题可以商榷？这种用心程度往往能使你达到"学思结合"之效。

为了写，你不仅阅读的用心度提高，而且会逼自己去读更多的书。要写点东西，才发现自己才疏学浅，才知道最可怕的是"不知道自己不知道"，才晓得什么叫"厚积薄发"。这时有书就得赶快读。

写，能锻炼人的思维品质，提高人的表达能力。要写成一篇文章，就要谋篇构思，就要积淀思想，就要丰富词汇，把所思所想用精练的文字表达出来。

写，可以培养人精益求精的精神。培根说："阅读使人充实，谈话使人机智，写作使人精确。"袁枚的"一诗千改始心安"，就是求精的过程；贾岛的"两句三年得，一吟双泪流"，也是求精的过程。

写，能提升个人学识和人格魅力。在写作中，有文思泉涌、有智慧碰撞、有手法创新、有个性张扬，个人的魅力尽在文字中。

写，能提高生活品位和精神境界。坚持写，可以修炼操守、提升境界，在"激扬文字"里体验精神之慰藉、享受创造之喜悦。

写，需要沉下心来，需要平淡从容、静心地写。在这样的写作过程中，我们往往能"守住心灵的宁静"，在"纷扰中沉淀书生本色"，直面各种挑战，在坚持中完善自我。

写作时的深思熟虑、投稿后的耐心等待、发表后的欣喜之情，都给人一种积极进取、追求完美的动力。写作的背后，是积极、坚持、勤奋、努力、奋斗，写作不止，动力永存。

二、写些什么？

从广义的角度来说，什么都可以写。作为"教育人"来说，我觉得还是写些与教育、文化相关的内容为宜。这既和工作有些联系，对促进专业上的成长也有帮助。

可以写学科小品文。我是数学教师，我就写了不少数学学科小品文，这些小品文对学生爱学数学、会学数学起到很好的作用。如《欣逢回文年，话说回文数》《漫话国际数学最高奖》《0.618的自述》《漫话数学猜想》《智慧的蚂蚁很会爬》等。

可以写班级活动。如果你是班主任，每天都组织班级活动，你细心观察思考，必然会有感悟和心得体会，你可以把它写下来。我曾担任班主任6年，写有《我班的体育生活》《课间应该干什么？》《召开家长会的几种形式》等。

可以写教育随笔。我们活跃在校园里，穿行于师生间，对教育问题和教育现象必然会有所思有所悟，就可以写出来。这方面，我写的文章有《教师要学会沉下去》《做一个有健康感的教师》《为师四境界》《适度顿感是一种无痕境界》等。

可以写事件回忆。有些事回忆起来，有感恩、有感触、有留念。如我写的《一辈子学做良师》《成长路上有闽教》《卢老为我题写书名》《亦师亦友四十年》《童年时代的缺憾》《农村小学》《知青生活给我一种精神》《育人平台上的人生书写》等。

可以写教育管理后记。当然，不是记成流水账，而要有所归纳、总结、提升，从思索碎片中提炼出有价值的思想。这方面我写有《青年教师如何规划教育人生》《名师成长关键在"自我"》《开发新时代的学校课程》《细节是教育的生命》《我的忙闲之道》等。

可以写励志短文。写励志短文，与教师、学生共勉。如我写的《足与不足》《理想使人生辉煌》《天生我材必有用》《"不要吃老本，要立新功"》《有梦的教育更精彩》《说我不行我就行》《照亮别人，完善自我》《做步入新境的觉醒者》等。

可以写学习指导短文。写学习指导短文，教给学生一些具体的实用的学习方法或学习策略，学生学得来、见效快。如我写的《色彩在学习上的功能》《学习中的退、绕、停、避》《会学面面观》《学习中的几个不等式》《跟着老师的思路走》《调好心态迎高考》等。

可以写文化体育趣事。如我写的《打篮球的那些"文"事儿》《游泳之趣》《猜谜，让学生灵性生长》《例析灯谜的教育功能》《寓教于谜，润物无声》《笑的辩证法》《80分与智力开发》《玩出数学脑的扑克游戏》等。

可以写与书有关的事。如我写的《京城淘书乐》《与书结缘》《且读且思又一年》《在万卷书香中给学生授课》《一路"读"来》《在阅读与写作间返回精神的界面》《书是我的"源头活水"》《"书"指一条路，"烛"照万里程》等。

### 三、怎样写好？

写这类文章，一般不宜长，但要及时、要坚持。所谓及时，就是及时记下所思所得。一时不能成文的，就记在一个本子上，或记录在电脑里，偶有心得，再充实，日积月累，必有"水到渠成"之时。所谓坚持，就是要养成经常记录、思考、写作的习惯，先写一些简单的、小的问题，逐步拓展写作内容，把写作当成生命历程的一部分，在写作中不断完善自我。

对于这类文章的写作，我有如下几点体会：

一要有可读性。你写的文章，一定要吸引人，让多数人觉得有必要读。你的文章要尽量写得生动有趣，让文章有欣赏价值，让读者"乐读"。文章的可读性，是读者的第一需要。

二要有通俗性。你去看朱光潜、季羡林、胡适等一代名师的文章，你一定看得懂，有时你去读某些专家的文章反倒看不懂了，这就是写文章的通俗性问题。说到写文章，有个顺口溜一定记牢："深入浅出是功夫，浅入浅出是庸俗。深入深出尤可为，浅入深出最可恶！"

三要有流畅性。文章是写给人看的，写得流畅就容易看，就让人想往下看。文章写起来起码要通顺，再注意层层推进，这样略加润色，就可以达到起码的流畅了。

四要有教育性。我们写的文章，多数是写给老师或学生看的，在写作时，就要注意文章的教育性问题。好的文章，能给人激励，给人启发，给人警醒，给人忠告。"文以载道""以文育人""以文化人"等，说的就是"文"具有的教育性。

《坐拥书屋》是我写的一篇与书有关的文章，读者可读一读，对照"四性"

评论之。

## 坐拥书屋

有人问及美国总统林肯"您拥有什么"时，他谈到了书："我有书一筐，我一辈子也读不完。"

我很满足，因为我拥有一屋书。其实，还不止一屋，是拥有两屋书，整整一个一房一厅，全是我的书房。

里间的书屋，有一大扇窗，白天望去，静谧而灵动；夜里望去，流光有异彩。窗前遥望，确实有"浮想联翩"之意境。一张大书桌靠墙摆放，桌前又是一整墙的书，取放方便。桌后摆放一张舒适的椅子，无轮，坐得稳当。椅子后面又是一整墙的书。所谓整墙，其实就是下到底上到顶侧到墙边或门边。这间书屋，主要摆放教育类书籍和各类杂志。我的写作，主要是在这间书屋完成的。

外间的书屋，北面是一个大阳台，可以看到大海的一角，可以看到筼筜湖；近观闽南大厦、国贸大厦等高楼，远眺市政府、狐尾山、仙岳山。清风吹来，令人心旷神怡。其余的三面墙，全是书架。有书法名人送我字画，我的书屋竟然找不到一处墙可挂！这间书屋主要摆放数学类和文化类的书。外间的书屋也有一张大桌子，用于专题写作。书屋中另有沙发、茶几之类。

就我家而言，住所是一套三房两厅和一房一厅打通组成，那一房一厅全为我的书屋；那三房两厅中，有一房是我爱人的书房，有两墙书，几乎都是英文类书籍或英语教育类书籍。还有一房是女儿的，卧室兼书房，有一墙书，是她的专业——建筑类的书，还有一些有文化品位的书。

书屋是我亲自设计的，我设计的原则是：尽可能多放书——每层书架的留空都很少；尽可能方便用——书架不装玻璃不安门；一眼见到书——随手便可取。

回到家里，忙完"剩余"公务，我便泡上一大杯绿茶，钻到我的书屋里。进屋后的基本程序是：读刊物—写急稿或备讲座稿—小休闲—写专著或论文。

读刊物，就是读近期的报刊，必读的有《教育研究》《课程·教材·教法》《人民教育》《上海教育》《中国教育报》等，必浏览的刊物有《数学通报》《数学教学》《明日教育论坛》等。读书一般放在双休日、长假，或在"运动"中读。

写急稿，其实就是诸如第二天开会或某个活动的发言稿，或为报社写的应急稿，或一些序言题词之类稿。写近期的讲座稿，一般是做幻灯片，应讲座单位或部门的要求。有针对性地写作，基本上是在原有研究或已有论文基础上进行的。

小休闲，一般是洗个澡，南方人几乎每天必洗；或是玩一会儿篮球，也就是在那儿拨弄，不着天，不着地，趁妻子不在家时往墙上砸几下；或是远眺，联想一番。有时也坐下来看看新闻台、体育台，读些闲报，偶尔也哼一两句小调。

写专著或论文，那是费时费精力的活。写论文还好些，可以集中一段时间拿下；但写书就是个持久战了，少则半年，多则几年。这本《为发展而教育》写得也是十分艰难，难在既不能写成学术专著，又不能写成教育随笔，是个挑战啊。

坐拥书屋，书于我，是诗，是沉思，是面包，是空气，是所有的一切。我能体会到大学者钱锺书先生一生"不求万物，唯求一书"的境界。是啊，无欲一身轻，有书万事足。

坐拥书屋，我忽然间觉得"书中自有……"应该是很好的一道高考作文题，有黄金屋，有千钟粟，有颜如玉……自然是一种收获。但在物质生活、精神生活相对满足的今天，可能"书中自有……"就远不止这些了。

书中自有生命在。

生命是有限的，知识是无限的。人的一生是一个"有限"，这个"有限"的过程要和"无限"打交道。读书的好处恰恰就是因为它能使有限的生命得到无限的拓展。难怪许多读书人都爱这样说："书生，书生，为书而生。"

书中自有阶梯在。

女作家叶文玲说："书是天下第一情人！"名人对书的感悟和钟爱，是激励人们去开启知识大门的"金钥匙"。但从理性的角度说，"书是文明的使者，书是生活的大学，书是知识的大厦，书是进步的阶梯"绝不为过。

书中自有思索在。

志趣求高雅，思索求高远。高远的思索，源于静心地读书。想走万里路，要读万卷书。英国哲学家洛克说："读书只能供给知识的材料，如果融会贯通，应靠思索之力。"读书，贵在思索。我思故我在。

《书之趣》主编彭国梁先生在该书编后记中有这么一段话："做了一个书架，高兴；买了两个书柜，高兴；有一面墙的书虎视眈眈，那就别提有多神气了；终于拥有了自己的书房，则有一个皇帝的位子在等着，都要考虑考虑了。在自己的书房，自己就是皇帝，墙上的书都是后宫的佳丽啊！"

书带我进入一个又一个新的境界。

坐拥书屋，于我，足矣。

# 第四节　追求：学做学者

中小学教师能不能成为学者型的教师？答案是肯定的。教师算是"一介书生"，"书生，书生，为书而生"，我们读书、教书，如果还能写书，才算是与书结缘。师者，结合教育实践，学点教育理论，多些思考，深度研究，总结出成果，就能从师者走向学者。

钟发全老师所著《学做学者》一书记录了作者从"师者"到"学者"的转变过程。

全书分为"像学者那样思考教学""像学者那样关注教育"和"像学者那样留下'成长的印痕'"三个板块，针对当前我国教育教学中存在的一些问题，以独特的眼光，从教师、学者的思维角度，对教学、教育和教师的专业成长等问题，提出了相应的对策。

该书的自序《刻意的绿》中有一段"作者寄语"：

> 刻意，让我走上了三尺讲台；刻意，让我开始思考教育；刻意，让我发现我还可能在某一点做出成绩。我的一切从刻意开始。我的下一个目标，就是刻意地学做学者，圆一位乡野村夫之梦。

走向未来的名师，"刻意地学做学者"，如何？

## 一、学做"学者"

学者化是"教书匠"走向名师、走向教育家的必由之路。学者化是时代发展的需要，学者化是教学提升的需要，学者化是自我成才的需要。

我很赞成董菊初先生在《名师成功论》中提出的"学者化——名师的成功之路"的观点。我以为追求"学者化"，是教师持续发展的一种更高层次的追求。

教师在其发展的过程中，可能书教得比较好，可能班主任当得比较好，但要持续发展，就还要进行教育教学研究，探索教育规律，提升教育实效；再进一步，还要把研究的东西整理出来，也就是要进行写作。这其实也就是学者化的进程。

一位杰出教师这样说：要做一名"学者型"教师，既要"教"，又要"研"，还要"写"。教是研的前提和基础，研是教的总结和提高，而写则是教和研的概括和升华。

我自己的成长之路，就是一条"学者化"之路。1986年，我被评上福建省优秀青年教师时，代表获奖者发言的题目就是"做全面发展的学者型的人民教师"；2000年，我参加骨干教师国家级培训，我代表优秀学员发言，题目是"做高素质的新世纪育才者"；2006年，"教育家成长丛书"出版，《任勇与数学学习指导》是其中的一本，在首发式上我发言的题目是"成为走向未来的名师"。从发言的题目上，我们就能感受到一个教师的成长历程和其"学者化"的进程。

我一直鼓励教师们，尤其是青年教师，要能超越我，更好更快地走向"学者化"。当然，我的这个观点也并不是所有的教师都能接受的，其中有一种观点认为"教师的主要任务是教学，教师只要教好书就行"。对前半句我是非常赞同的，但对后半句，我有不同看法。我并不急于去争论，我把我的讲话做了些调整，将其叙述为："我并不苛求每个教师都要学者化，但一个优秀教师、一个名师应该是一个学者。一个名师的学者化，不是一般的学者化，而应是教育专业化与教育学者化的有机结合。"

名师的成长过程是一个学者化的过程。成为学者型的教师，为教师的持续发展指明了方向。名师的学者化不是一步到位的，学者化的实现有一个从低层到中层再到高层的过程——而这里所说的"高层"是无止境的。学无止境、教无止境、研无止境，是名师学者化的基本原则和目标。

学者化有什么特征？

### 1. 不凡的学术勇气

要成为学科教育专家，就要有学术勇气，敢于探索和创新、敢于怀疑和否定，为人所不敢为、言人所不敢言，不断提高自己的学术层次，并逐步形成自己的学术特色。常怀创新之心，有新想法要适时践行，"听其言观其行，坐而言不如起而行"。

### 2. 强烈的课题意识

在教育教学实践中，要善于发现问题，并积极思考遇到的问题、困难和疑难，不轻易放过，再经筛选后定为自己研究的课题。当然，课题还可以从其他途径获得，但前提是要有课题意识，否则即使有再适合你的课题，也可能与之失之交臂。

### 3. 执着的探究精神

研究也好，实验也好，著书立说也好，都必须有一个艰苦的探索过程——探索教育规律也必然是一个长期的过程。"不经一番寒彻骨，怎得梅花扑鼻香。"只有这样，才能出成果。

### 4. 全面的信息素养

信息素养是建立在信息意识基础上的。在有信息意识基础上，要加强收集信息、积累信息、整理信息、运用信息和创造信息等能力的训练。信息素养是以"勤"为前提的，唯有脑勤、眼勤、耳勤、手勤、腿勤，信息才能为你所用。

### 5. 较强的创新能力

人云亦云，不能成为学者。没有"自我"，怎能有个性？没有个性，怎能有创新？名师之路，其实也是一条属于自己的创新之路。人无我有，人有我新，人新我精。敢言他人之所未语，发他人之所未见，示他人之所未知。

### 6. 丰硕的研究成果

研究成果是学者化的标识，是名师成长的轨迹和阶梯。教育研究必求其有成果。只求耕耘，不求收获，是空忙；不愿耕耘，只想收获，是空想。研究者一定要有成果意识，要善于把研究成果"物化"，同时还要"推广"，使其"日臻完善"。

远观全国名师张思明、李镇西、窦桂梅，近观读者所在省份的名师（比如我们福建省的池伯鼎、张远南、王淼生老师），哪一个不是著作等身？哪一个走的不是学者化之路？

学做"学者"，如何？

## 二、"沉下去"与"浮起来"

"只有踏踏实实地沉下去，才能潇潇洒洒地浮起来。"

我曾经给一位高三毕业刚考进大学的学生写下这样的话。这位学生平时学习不是很踏实，因而高考成绩不是很理想，没能考进自己心仪的大学。他看了我的题词后，脸红了一阵，点头铭记。此后，他一改不踏实的习惯，在本科阶段踏实学习，最终考上心仪的大学的研究生；后来又继续读博，走上科研之路，取得多项科研成果。

学生学习应如此，教师发展亦然。"静下心来教书，潜下心来育人"就是这种境界的体现。

管建刚老师在《不做教书匠》一书中，就有"成长需要耐得住寂寞"一小节。这里摘录几句，给人警醒。

成功是要讲究储备的。真正的成功路遥遥而艰辛，只有储备充足，走的路才远，胜算的把握才大。

人的成功是一种自我价值的实现。这种自我价值的实现是艰辛的，是一个人勤奋努力地工作，用自己的能力干出一番周围人认可的业绩，并获得大家尊重的过程。谁都无法跨越"艰辛"。如果你想跨过这个"艰辛"，你得到的，最多是表面的尊重，背后却是不屑和鄙视。

　　用自己的力量成长，既要经得住教育探索的艰辛，又要耐得住教育研究的寂寞。一个真正的教师，会沉浸在别人以为的寂寞无聊中，乐此不疲，像周国平先生所说的"丰富的安静"。在我看来，不管是太空年代，还是新新人类时代，教育都要拒绝浮躁，都要静下心来。任何虚浮的行为，最终导致的只能是教育的失误乃至失败。

一个人的成长必须要耐得住寂寞并学会享受寂寞，这样才能把基础打好。

成长需要忍耐。全世界的人都看得到运动健儿在奥运会上的荣耀，但是，又有多少人看到了他们背后所付出的、常人难以忍受的艰辛呢？

　　1. 沉下去，要"安于平凡，不甘平庸"

　　安于平凡，就是要安心于自己的日常教学工作，在自己平凡的教学岗位上，踏踏实实学习，踏踏实实教书，踏踏实实研究，踏踏实实做人。从基础性工作、基层性工作做起，在平凡的教学岗位上，干出不平凡的业绩来。

　　平庸，就是平平庸庸，碌碌无为。平庸与平凡有本质的不同。平凡是就工作性质而言，平庸是就作为而言。平凡的工作是可以大有作为的；而甘于平庸、不思进取，所在的工作岗位再好，也将一事无成。教育是一项育人的事业，只要肯学习、能创新，就能做出骄人的业绩来。安于平凡，就是要沉得下心来做工作；不甘平庸，就是力争浮起来，尽自己最大的力量将工作做好。名师之路，是一条在平凡工作中不能放弃的奋斗之路。

　　2. 沉下去，要"立足长远，持之以恒"

　　"机遇总是垂青于有准备的人。"教师的功底和才华是教师持续发展的内因，而教师的教育信念是教师持续发展的精神力量和支柱，敬业精神使教师发展更持续更长久。由于缺乏面壁十年的耐心、缺乏十年磨一剑的意志、缺乏设立一个高标准并长期朝着目标不懈努力的敬业精神，一些功底和才华出众的教师也将泯然于众人矣。

立足长远，持之以恒，可以使功底增强，可以使才华得到长足的发挥。成功的奥秘就在于立足长远、持之以恒的积极心理准备，这就是"名师之所以成为名师，是因为他们努力要成为名师"的道理。

3. 沉下去，要"身在其中，心在其外"

沉下去，做最基础的工作，做最平凡的事情，融入教育教学改革的热潮里去。但"身在其中"，不能只是"埋头拉车"，还要"抬头看路"。在教学第一线，要积攒丰富的教育教学经验、熟悉教育对象、了解教育教学的主要矛盾所在、了解学生的学情、掌握教与学的现状，掌握诸多的第一手材料。

"心在其外"就是要思考一线教育教学问题，优化教学过程；就是要把实践纳入研究的轨道，在工作中完成研究，在研究中促进工作。这种思考和研究，都是基于"学习"基础上的，唯有不断学习，才能思考得深、才能研究得实。学习型组织的特点之一，就是"学习工作化，工作学习化"，不学习，心怎能在其外？

### 三、境界、远见与坚持

望的最高境界是望眼欲穿。听的最高境界是听到无音之音。无音之音那就是心声。看的最高境界是看透人心。说的最高境界是说出无言之话，那就是天籁。教师的最高境界需要"忙人之所闲，闲人之所忙"，从有始来，到无始去，从看教育是教育，到看教育不是教育，再到看教育还是教育，这就是对教育的最大贡献——让人的精神生活世界有"生机"有"活力"有"智慧"；"把课堂还给学生，让课堂充满生命活力；把班级还给学生，让班级充满成长气息；把创造还给教师，让教师充满智慧挑战；把精神生命发展主动权还给师生，让学校充满勃勃生机！"

这段话说得太好了！这是陶志琼博士在其著作《教师的境界与教育》一书中的一段话。

"教师职业的专家境界"就是我们前面所说的"学做学者"。

中小学教师从事教育科研，既非高不可攀，也非轻松之事。当一名教师容易，当一名好教师不易。时代在呼唤师德的同时也在呼唤师能，教师只有德能并重才能树立新世纪教师的良好形象，才能更好地完成高要求的教育教学任务。

课改推进也好，时代发展也好，都在呼唤智慧型的教师。面对瞬息万变的教育情境，准确迅速地做出判断、恰到好处地妥善处理，从而收到理想的教育效果、达到最佳的教育境界，这就是教师的教育智慧。

师者，要做更好的自己，这更好中要有师魂的意蕴。师之魂，体现在教师的一言一行、一举一动中，既体现了自己的形象，又时时润入学生的心田。

当一名好教师，要师德、要师能、要师智、要师魂。这已属不易！现在还要进行研究，没有远见是不行的。

研究起步时，困难肯定是很多的，成果是稀少的，你如何推进研究？教育教学已耗去不少精力，研究更要"殚精竭虑"，你是否能"乐此不疲"？书要教好，班主任要当好，其他工作要做好，否则你的研究有可能被人误解。不是所有的学校领导都支持教师进行教育科研，当你所在的学校没有良好的研究环境时，你是否依然能"走自己的路，让人去说吧"？当你的论文屡投不中时，当你的论文评不上奖时，你是反思改进还是"洗手不干"？

没有远见，研究之路是走不远的。研究需要远见，远见来自大智。

研究，没有境界和远见是不行的，但仅有境界和远见是不够的，研究还特别需要坚持。坚持非常重要，成功往往在"再坚持一下"的努力之后来到。方向对了，坚持下去，才能达到目标；方向对了，锲而不舍，离目标就越近。

我经常听一些老师说，想研究一个课题，也研究了一大半，可是在某个环节上一时卡住了，没能坚持下去，结果半途而废。

我曾和一位未曾谋面的老师"斗文"。所谓"斗文"就是我发现他在某个杂志上发表了文章或论文，我过段时间也在那个杂志上发表一篇，他过段时间又在那个杂志上发表一篇。我们一直"斗"了好几年，后来"对手"消失了。若干年后，我巧遇这位老师，说起"斗文"一事，他颇有感慨地说，他没能坚持下去，以致"平庸"，并夸我："你看你都出那么多本书了！"

绝大多数老师，是完全可以从一般教师走向骨干教师，从骨干教师走向优秀教师，从优秀教师走向卓越教师的。但从现实情况看，成功地成为卓越者的数量还不是很多。因此，我很想提这样一个问题：教师啊，可以走向卓越的你，为何不走向卓越呢？

走向卓越，需要坚持。

荀子说："骐骥一跃，不能十步；驽马十驾，功在不舍。"这说的就是坚持。

坚持，是一种耐力，是以一种顽强不屈的精神去做一件自己想做的事。能否坚持下去，往往是卓越与平庸的分水岭，因为"在这个世界，没有什么比坚持对成功的意义更大"。

## 第五节　案例：我的写作经历

回眸教育教学往事，我算是一路"写"着过来的，也可以说是踏着"学、思、研、行、著"走过来的。从写给学校校庆刊物的一篇小文开始，我开启了写作之旅。1984 年，我的第一篇论文发表，于是就有了在教育科研上的漫漫征程；1988 年，我的第一本著作出版，于是就有了"梦圆百书"的不懈追求。

初为人师时，我只想把书教好，没有"写"的意识。后来，在前辈的引领下，我有了"写"的初心。"写"的初心一直没忘，我一直在写作路上。这是"写之初"始料不及的，写着写着就"写"入新境了。

偶然乎？必然乎！

### 一、我的作品编号

我发表第一篇文章的时候，开始在一个本子上登记；后来发表的文章多了，我就开始编号。比如：

1262.2409.好课程是有境界的,《中国基础教育》,中国教育学会主办，2024 年第 1 期。

"1262"表示篇数的序号，"2409"表示 2024 年的第 9 篇文章，"好课程是有境界的"表示发表文章的标题，发表在中国教育学会主办的《中国基础教育》上，"2024 年第 1 期"表示发表的年份和期数。

这是我到写此书时的作品编号，也就是说，我已经发表了1262篇文章——

这"文章"包含我发表在省级以上刊物的各种文章；2024年我已经发表9篇了。

我第一部作品的编号与篇名是：

0001.8301.二元一次方程组的一种"列表解法",《中学数学报》,湖北省数学会主办,1983年5月。

这是1983年我在省级以上刊物发表的第一篇文章。我之所以说是"文章",是因为这是一篇发表在报纸上的涉及数学解题小技巧的小文,不敢说是"论文"。这样,也就解释了我前面讲的"我的第一篇论文"之说。还有,编号"0001"是后面改过来的,最早就是"1"。没想到文章发表多了,就有了"01""001",后来有了"争取发表1000篇"的想法,就索性改成四个数"0001"了。

我们再看一个作品编号、篇名和写作感想：

0899.1163.期盼数学教学"气"象万千,《数学通报》,中国数学会、北京师范大学主办,2011年第9期。

一般说来,中学数学教师把《数学通报》视为中学数学专业的最高学术刊物。作为数学教师,《数学通报》上的文章我是每篇必读的,能在上面刊登文章更是我梦寐以求的事。经过11年的努力,我终于在1991年在《数学通报》上发表了《批改数学作业的我见》,那时我的感觉是"我又登上了一座山"。至今闭上眼睛,我脑海里都能立刻出现那期的封面和封面上的目录中我写的文章的标题。之后我继续努力,《数学通报》1995年刊登了我的文章《介绍高等数学知识,开阔学生知识视野》,2003年刊登了我的文章《全程渗透式数学学习指导的研究与实验》。

到厦门一中担任校长后,我就与数学没有"亲密接触"了。因为学校发展面临许多要事，因为要开很多的会、批很多的文，还有不少出差任务，所以学校教务处没排我的数学课，我只给高一年级上"学习指导课"。

教了这么多年的书，"数学"就这么走了，我心有不甘。浓浓的数学情愫，驱动着我经常去听数学课，课后和授课老师交流看法。数学组开会，只要有时间，我就去参加，就去和大家一起探讨数学教育教学问题。我和学校教务处有个不成文的约定，哪位数学老师请了事假或是生病不能上课了，我是教务处首选的代课教师，我可以从初一带到高三，可以上必修课、选修课和奥数课。有一回，一下代了半个月的课，让我又过了把"数学瘾"；和学生告别时，许多学生含着眼泪舍不得我走。哪个年段想请我做个数学方面的讲座，我也是乐呵呵地都答应。全国性的、省里的、市里的数学学术活动，只要日程不冲突，我都争取参加。

一次省里的一个数学活动在厦门进行，省教研室数学科的陈中锋老师请我去讲几句话。我讲了祝贺的话，讲高三老师辛苦，并将我的文章《对高三数学复习教学的几点思考》与大家分享。对高三数学教学，我有三点思考。其一，用教育理想追求理想教育。我强调"时代呼唤绿色高考"，就是呼唤人文的、健康的、和谐的、生态的高考，就是科学化、有序化、最优化、人性化的高考。其二，学会在研究状态下复习迎考。强调了研究的重要性，不能"埋头拉车不看路"。其三，期盼数学教学"气"象万千。具体是期盼数学教学"大气"一些——有文化，气度不凡，不落俗套；"才气"一些——有智慧，大智若愚，揭示规律；"朝气"一些——有活力，真情投入，激情教学；"秀气"一些——有美感，数学之美，美不胜收；"和气"一些——有互动，师生互动，和谐融洽；"灵气"一些——有方法，一题多用，触类旁通；"喜气"一些——有趣味，数学好玩，玩好数学。

我觉得可以把"其三"整理成文，投给刊物。我用一段时间完成此文后，觉得写得还不错，就想尝试向《数学通报》投稿。我发现《数学通报》有了"网上投稿系统"，就将稿子发去。稿子投出后的半年内，我几乎每两天就要在《数学通报》网上的"稿件查询"栏查询稿件。

开始查询的结果是"稿件收到",几天后就是"初审中",过了半个月左右查询的结果是"外审中"。哇,稿件初审通过!过了近两个月查到"编审中",我很激动,这意味着"外审通过"!再过了近两个月查到的结果是"终审中"。啊,编审通过!静静等待,天天查询,度日如年。盼到2011年8月21日,终于查询到"决定刊用"时,我激动万分!近半年来的期盼总算有了好结果!第二天,我"惯性"地依然上网查询,结果还是"决定刊用"。哦,已经"决定刊用"了,我不需要再查询了,我忽然间觉得有些失落。

为什么失落呢?我当时的想法就是"没了期盼"。

今天回想起来,我开始反思,当时为什么要花那么多的时间去进行"稿件查询"呢?查询的日子里,失意之时比得意之时多,虽说可以体验过程、历练心灵,但总体上是既花了时间又时常搞得心神不定。其实,我完全可以把那些时间用来做更多的学问、用来总结更多的东西;如果一段时间后,我又有新的成果写成文章投给刊物,我们不就又有了新的期盼吗?

## 二、我的个人著作

类似的,我还有一个"任勇著作一览表",专著类有47本,合著类有45本,参编类有23种。专著类是我"著"和"编著"的书,合著类是由我主编和2~3人合著的书,参编类就是我参与编写的书,加起来算是"超百"了。在我心目中,还是更关注"专著类"——我的个人著作。

专著类的书中,有一个"我的大满贯",就是教育部牵头编的三本"重量级"的书,经过"层层筛选",我呈送的书稿终于都通过了、出版了。

第一本是人民教育出版社的"中国特级教师文库",这是"十五"国家重点图书出版规划项目"教育部特级教师计划",由教育部人事司和教育部课程教材研究所组织评审,各省一般可以申报两本,再从全国60多本申报的书中评审出20本。我的《数学学习指导与教学艺术》(2004年9月)是福建省唯一入选出版的图书。

第二本是北京师范大学出版社的"教育家成长丛书"。这套丛书由时任国务委员的陈至立作序，时任教育部部长袁贵仁和副部长柳斌为总顾问，是教育部师范教育司（现改名为教育部教师工作司）组编的一套书。类似的也大致是"60选20"。我的《任勇与数学学习指导》（2006年1月）也是福建省唯一入选出版的图书。

第三本是高等教育出版社的"中国当代教育家丛书"，这是由《中国当代教育家》丛书编委会组织评审，时任中国教育科学研究院院长袁振国任编委会主任组编的一套书。这本书的入围要求更高，申报作者要有大师级专家推荐、省厅审核上报，作者要带着完成度70%以上的书稿进京向编委会汇报。我很荣幸，我的《为发展而教育》（2009年7月）又是福建省唯一入选出版的图书。

我惊奇地发现，这三套书都入围的作者，我是唯一的。我把我出版这三套书的成果称为"我的大满贯"。

华东师范大学出版社的"大夏书系"，专门做"教师专业发展"方面的书。2009年，"大夏书系"的几位编辑来我家，向我约"数学教师成长"的书稿。那时我已经到厦门市教育局任职了，没有直接教数学了，编辑"吓唬"我说："任老师啊，我们觉得您现在还'很数学'，还活跃在数学学术领域。哪天您'不数学'了，我们才不向您约稿了。"被编辑一吓，我抓紧写成《你能成为最好的数学教师》一书，2011年1月出版了，至今仍畅销。

写《优秀教师悄悄在做的那些事儿》这本书，是受《成功人士不说，却默默在做的30件事》这本书的启发。该书有句话是这么说的："成功的人，只比你多做了一点点。"其实，优秀教师也一样，他们或许也只是比别人"多做了一点点"。

这本书更畅销，加印了30次。出版社让我再写一部"校长"的书，我又抓紧写成了《优秀校长悄悄在做的那些事儿》一书。出版社告诉我三本书才能算小丛书，请我再写一本"家长"的书，读者想必知道书名了吧？

就这样，12年一个轮回，我在"大夏书系"出版了12本书。

长江文艺出版社一直关注教育界有研究、有思想的学者，一直以出版的力量做"有情怀的教育"。他们的"大教育书系"已经出版了朱永新、魏书生、李镇西等大师的书，深受教育人喜爱。施编辑通过陈琴老师联系上我，请我写一本书。我当时有三个方面的研究，《师者之道》被"大夏书系"提前要走，《玩出来的数学思维》被开明出版社提前要走，我把比较难写的《教育教学的辩证之道》推给施编辑。

出版社很快就寄来合同。施编辑不时点拨我的写作方向，我写好了36个"辩证之道"交稿后，恰逢国家提出"双减"政策，施编辑希望我再补一个"'双减'与提质"。我抓紧写，出版社抓紧出书。书出版后，反响很不错，入选《中国教育报》2022年"教师喜爱的100本书"。

宁波市镇海区专门组织青年教师学习这本书，还举办了"巧用哲学原理，寻找教学平衡——《教育教学的辩证之道》读书心得"分享会。我在线上点评教师们的发言，会后他们还专门编了本读书心得的小册子。厦门市好几个"名师工作坊"的老师们，也纷纷让我参加他们读这本书的活动，要我在书上签名，并合影留念。

### 三、我的写作之梦

我退休后，主要做三件事：写作、讲学、运动。核心是写作，写作可带动学习、思考、研究和行动，写作才能时时把握教育动态和了解教育"新潮"，才能更好地讲学。写作是很耗精力的，我需要通过锻炼身体来保持一种良好的精神状态。有健康的丰姿和活力，才能更好地"静心做学问"。

运动助我更好地写作，写作助我更好地讲学。

"老教育家潘懋元先生百岁华诞，还登上讲台给厦门大学研究生授课，我这般年龄更要为教育事业再尽点力。"这是我的心声，也是我向潘老学习"学术养生"之道。写作是养生良方——生命不息，写作不止。

只要有时间，我就会研究自己感兴趣的教育问题——专注研究一类问题。一段时间后，就可以围绕这个问题写篇论文或写本书了。

人生因梦想而精彩，我还有许多写作之梦。

2024年春晚，刘谦"见证奇迹的时刻"的扑克魔术，给全世界的观众上演了一场别开生面的数学课。一副扑克牌，竟然可以与数学有着千丝万缕的联系。

数学是一门研究数与形的学科，而扑克牌的点数、张数可谓"数"，扑克牌的花色、图案可谓"形"。数与形，在54张牌的千变万化中呈现。神秘莫测和妙趣横生的扑克游戏令人兴奋、惊叹，能引发人们的好奇、兴趣，促进人们的思维、探索。

其实，两年前我就专注于数学扑克游戏的研究。我这一两年的讲学，几乎每一讲都穿插数学扑克游戏，听众兴趣盎然。我的包里一定会有两副扑克牌，见到朋友先玩几个扑克游戏再说。

扑克游戏玩多了，我就精选出255个扑克游戏，写了《玩出数学脑的扑克游戏》一书，绝大多数的游戏背后蕴含着数学思想和思维智慧，按幼儿园各学段和小学各学段给出具体的扑克游戏课例，还给出有一定难度的扑克游戏作为拓展课例，便于教师、家长和学生使用。这本书于2024年10月出版了。

说到扑克牌，我曾经给厦门市老年大学学员讲过"80分实战技巧"这门课，并做了一个393页的 *PPT* 课件。我说，"80分"，一项健康向上的深受群众喜爱的娱乐项目；"80分"，有着巨大的发展空间和广阔的发展前景。

最近，我又想做"梦"了：既然"80分"深受成年人喜爱，也一定深受学生喜爱。"80分"具有趣味性、竞争性、协作性、益智性，是能让学生灵性生长的益智活动，我可以把"80分"作为学校校本课程的一个项目来开发。于是，我的"梦之旅"——《中学生扑克牌80分教程》的写作就这样开始了。

这些年，我和许多小朋友玩益智游戏，受到许多幼儿园的关注，不少园长约我到他们幼儿园和孩子们玩，玩给老师们看。大型的幼儿教师培训活动，我也是先和孩子们玩个45分钟，让参训教师先观摩；然后再讲"数学趣玩：玩出聪明娃"，让大家耳目一新——原来数学可以这样"玩"！他们问我，有没有系统的益智游戏课例，我当时说还没有整理出来。

中国学前教育的短板之一，是思维教育不足。多数器具，玩造型、玩拼装、玩"过家家"等游戏有一定意义，但相对来说"思维不够"，没有玩出器具背后的思维，尤其是数学思维。我经过调研，《幼儿趣玩100》的写作构想初步成型了。这本书相对好写，就是把适合幼儿的数学益智游戏按小班、中班、大班大致划分一下，难在适合幼儿"趣玩"的游戏的收集和研发。

为了祖国的花朵，我要努力，要梦想成真！

我这辈子，虽说没有经历我们上辈人的风雨坎坷，但也经历了家境贫寒、艰苦求学、世事动荡，经历了教育教学的多学校、多岗位锻炼，经历了人生和事业的潮起潮落。一路走来，遵循"感性做人，理性做事"的原则，在"足与不足"中，不断去逼近人生和事业的最大值。

我有许多小时候到现在的照片，这些照片记录着我的成长故事、记录着我的成己成人，也记录着我的成功瞬间。人生如诗，岁月如歌，回眸往昔，感慨万千，展望未来，豪情满怀。我想起高产作家叶永烈先生写了本名为《镜头看世界》的书，于是我脑海里就浮现出了《照片里的成长故事》的写书想法。

图文并茂的书，读起来应该是很有趣的，也应该是印象深刻的。

作为重庆高新区"任勇名师领航工作室"的领航专家，我们工作室有20位名师，"启航"时我在"实施计划"中提出，研修理念——名师之路"学、思、研、行、著"；研修路径——"学、思、研、行、著"五项并举，层级推进；实施方式——报备制、分享制、展示制；成果形态——专题讲座、主题共享、课堂展示、课题报告、著述呈现。

在"著"的环节上，两年前我就让学员"课题招标"，每人选一个课题深入研究，成果大家评审、修改、分享，然后结集出版。书名定为《追求自然而深刻的数学教学》，里面包含20个课题。

学员们都很努力，此书"呼之欲出"！

"未来教育"也是我特别关注的一个"研究点"。

比如"未来学校"系列：未来学校的意蕴，未来学校的教师，未来学校的课程，未来学校的教学，未来学校的学习，未来学校的课堂，未来学校的评价，未来学校的管理，未来学校的文化，未来学校的家长……

又如"未来教师"系列：未来教师面临的挑战，未来教师的角色重塑，未来教师的核心素养，未来教育需要什么样的教师，未来教师发展之道，未来教师的当下使命，我们如何培养"未来在等待的人才"，人工智能可以替代未来教师吗？……

再如"未来教育"系列：教育与未来，教育的未来与未来的教育，未来教育的发展趋势，未来教育的新样态，人工智能与未来教育，游戏化视域下的未来教育，何以理性预见未来教育，教育如何应对未来不确定性的挑战……

读者猜一下，我的"未来梦"是什么？我觉得我的未来不是梦，我想写一本《未来教育之探》的书。

成就未来不是梦！

# 主要参考文献

［1］阿瑟·格蒂斯，等．地理学与生活［M］．北京：北京联合出版公司，2017.

［2］陈益．游戏：放松而专注的智慧［M］．南京：南京师范大学出版社，2017.

［3］陈玮骏．化学超有趣［M］．济南：山东文艺出版社，2021.

［4］陈燕华．"微"张宏"观"［M］．厦门：厦门大学出版社，2021.

［5］崔允漷，等．新课程关键词［M］．北京：教育科学出版社，2023.

［6］成尚荣．名师基质［M］．上海：华东师范大学出版社，2018.

［7］蔡宏圣．数学史走进小学数学课堂：案例与剖析［M］．北京：教育科学出版社，2016.

［8］常生龙．作业设计的30个原则［M］．上海：上海教育出版社，2023.

［9］储朝晖．照亮成长：让教育更有智慧［M］．上海：华东师范大学出版社，2023.

［10］董菊初．名师成功论［M］．北京：科学出版社，2003.

［11］代安荣．像教育家一样思考［M］．长春：吉林大学出版社，2011.

［12］东缨．教育大境界［M］．北京：北京大学出版社，2006.

［13］东缨．教育大乾坤［M］．北京：教育科学出版社，2012.

［14］杜振发，等．给青年教师：如何从新手走向卓越［M］．北京：现代出版社，2021.

［15］方晓霞，等．教育微创新100［M］．北京：人民教育出版社，2015.

［16］房方平．思维第一——全面提升学习力［M］．北京：教育科学出版社，2018.

［17］冯卫东.做一个成长型的教师［M］.北京：中国人民大学出版社，2024.

［18］冯卫东.为"真学"而教：优化课堂的18条建议［M］.北京：教育科学出版社，2018.

［19］傅东缨.教育大求索［M］.南昌：江西教育出版社，2020.

［20］弗洛里安·卡约里.数学史［M］.北京：中国大地出版社，2022.

［21］管向群.中国班主任需要的新理念［M］.南京：南京大学出版社，2010.

［22］管建刚.不做教书匠［M］.福州：福建教育出版社，2006.

［23］顾远，周贤.教育3.0［M］.北京：中国纺织出版社，2022.

［24］顾沛.数学文化［M］.北京：高等教育出版社，2017.

［25］高万祥.优秀教师的九堂必修课［M］.上海：华东师范大学出版社，2009.

［26］高云.课堂教学微创新［M］.天津：天津教育出版社，2018.

［27］何莉，等.跨界学习：教师专业发展的新境界［M］.上海：华东师范大学出版社，2019.

［28］胡庆芳，等.品质教师是如何炼成的［M］.上海：华东师范大学出版社，2018.

［29］黄东坡.发现诗意的数学：我的数学教育理想［M］.武汉：湖北人民出版社，2014.

［30］姜继为.思维教育导论［M］.北京：中央编译出版社，2012.

［31］经济合作与发展组织.教育会输给技术吗？——人工智能在阅读和数学中的进展［M］.上海：上海教育出版社，2023.

［32］江更生.猜灯谜学历史［M］.北京：中国国际广播出版社，1992.

［33］刘祥.重构教师思维：教师应知的28条职业常识［M］.北京：中国轻工业出版社，2015.

［34］刘良慧，张先华.教育观念的革命［M］.重庆：重庆大学出版社，2000.

［35］刘波.从新手到研究型教师：我的专业成长手记［M］.宁波：宁波出版社，

2016.

［36］刘波.教师成长力修炼［M］.宁波：宁波出版社，2015.

［37］刘铁芳.什么是好的教育：学校教育的哲学阐释［M］.北京：高等教育出版社，2014.

［38］刘国良.从新手走向专家：阶梯式校本培训的行动案例［M］.上海：华东师范大学出版社，2015.

［39］罗树庚.教师如何快速成长：专业发展必备的六大素养［M］.上海：华东师范大学出版社，2018.

［40］李镇西.自己培养自己［M］.上海：华东师范大学出版社，2017.

［41］李如密，等.课堂教学艺术新论［M］.福州：福建教育出版社，2014.

［42］李如密.教学风格论［M］.北京：人民教育出版社，2010.

［43］娄华英，等.跨界学习：学校课程变革的新取向［M］.上海：华东师范大学出版社，2024.

［44］伦纳德·蒙洛迪诺.思维简史［M］.北京：中信出版集团，2012.

［45］赖一郎.中小学教师论文写作指南［M］.福州：福建教育出版社，2013.

［46］玛丽·凯·里琪.可见的学习与思维教学［M］.北京：中国青年出版社，2022.

［47］约翰·哈蒂，斯滕·内佩尔·拉森.教育的目的："可见的学习"对话录［M］.北京：教育科学出版社，2022.

［48］欧阳明.学习型学校论［M］.成都：西南交通大学出版社，2005.

［49］齐龙新.高考中的数学文化［M］.北京：机械工业出版社，2017.

［50］任勇.教育教学的辩证之道［M］.武汉：长江文艺出版社，2022.

［51］任勇.任勇：研究让教育更精彩［M］.北京：首都师范大学出版社，2011.

［52］任勇.现代中职生成才导向［M］.厦门：厦门大学出版社，2011.

［53］任勇.寓教于谜，润物无声：特级教师趣说教育灯谜120例［M］.北京：

开明出版社，2024.

［54］任勇.好学校之境[M].上海：华东师范大学出版社，2016.

［55］任勇.走向卓越：为什么不？[M].福州：福建教育出版社，2009.

［56］任勇.为发展而教育[M].北京：高等教育出版社，2009.

［57］任勇.优秀教师悄悄在做的那些事儿[M].上海：华东师范大学出版社，2015.

［58］任勇.中学数学学习指导的研究与实践[M].北京：航空工业出版社，2002.

［59］孙传远.教师学习：期望与现实——以上海中小学教师为例[M].桂林：广西师范大学出版社，2013.

［60］孙洪敏.超前思维[M].沈阳：辽宁人民出版社，1999.

［61］单墫.数学竞赛研究教程[M].上海：上海教育出版社，2018.

［62］陶志琼.教师的境界与教育[M].北京：北京师范大学出版社，2006.

［63］吴成业.教育，诗意地哲思[M].杭州：浙江大学出版社，2012.

［64］王金涛.未来阅读[M].上海：华东师范大学出版社，2021.

［65］王鹏军.为教师成长赋能[M].北京：现代出版社，2021.

［66］王福强.做一个有思想的教师[M].长春：吉林大学出版社，2010.

［67］王烁.跨界学习：终身学习者的认知方法论[M].长沙：湖南文艺出版社，2019.

［68］魏勇.怎么上课，学生才喜欢[M].北京：中国人民大学出版社，2016.

［69］汪晓勤.数学史育数学教育[M].北京：科学出版社，2023.

［70］肖川.有"我"的教育学[M].南昌：江西教育出版社，2023.

［71］徐世贵，等.教师怎样做小课题研究：高效助力教师专业化成长[M].重庆：西南师范大学出版社，2011.

［72］徐明.思维影响教育——给教师88个批判式思考[M].上海：华东师范大学出版社，2019.

253

［73］谢淑美.小学数学微写作里的大世界［M］.长春：东北师范大学出版社，2014.

［74］严育洪.课堂高点：学生思想的生成［M］.北京：首都师范大学出版社，2009.

［75］严育洪.教育，你怎么了？［M］.北京：首都师范大学出版社，2015.

［76］严育洪.教育我们还能做什么［M］.北京：首都师范大学出版社，2009.

［77］严育洪.教育真的是这样吗？［M］.北京：首都师范大学出版社，2015.

［78］恽昭世.走向未来的学校：中小学校教育模式探讨［M］.北京：人民教育出版社，1993.

［79］余文森.新时代中国课堂教学改革与创新［M］.北京：教育科学出版社，2024.

［80］余文森.从有效教学到卓越教学［M］.上海：华东师范大学出版社，2015.

［81］于艳苓.成功人士不说，却默默在做的30件事［M］沈阳：辽宁教育出版社，2011.

［82］郅庭瑾.为思维而教［M］.北京：教育科学出版社，2007.

［83］钟发全.学做学者［M］.长春：吉林大学出版社，2010.

［84］郑慧琦，胡兴宏，王洁.做有思想的行动者：研究型教师成长的案例研究［M］.上海：上海教育出版社，2008.

［85］周彬.课堂密码［M］.上海：华东师范大学出版社，2009.

［86］张国峰.好教师的十二大能力［M］.北京：现代出版社，2021.

［87］张冰.工匠精神与教师专业素养［M］.北京：现代出版社，2021.

［88］张怡.跨界学习：面向未来的教师专业发展新路向［M］.上海：上海教育出版社，2023.

［89］张齐华.审视课堂：张齐华与小学数学文化［M］.北京：北京师范大学出版社，2010.

[90]张远南,张丽芳.给孩子的数学游戏书[M].北京：清华大学出版社,2022.

[91]张楠.生物学原来这么有趣[M].北京：化学工业出版社,2022.

[92]朱永新.朱永新教育小语[M].北京：外语教学与研究出版社,2016.

[93]朱永新.新教育之梦：我的教育理想[M].北京：人民教育出版社,2004.